MERCIER DE COMPIÈGNE

ÉLOGE DU SEIN DES FEMMES

Ouvrage curieux
Dans lequel on examine s il doit être découvert s il est
permis de le toucher quelles sont ses vertus, sa forme, son
langage, son éloquence les pays où il est le plus beau et les
moyens les plus sûrs de le conserver

OMNIA VERITAS

MERCIER DE COMPIÈGNE

ÉLOGE DU SEIN DES FEMMES

Ouvrage curieux

Dans lequel on examine s'il doit être découvert s'il est permis de le toucher quelles sont ses vertus, sa forme, son langage, son éloquence les pays où il est le plus beau et les moyens les plus sûrs de le conserver

1873

Publié par

OMNIA VERITAS LTD

OMNIA VERITAS

www.omnia-veritas.com

AVANT-PROPOS

Ce fut en 1720 que parut à Amsterdam un volume intitulé les *Tétons* ; il formait la troisième partie d'une série où figuraient déjà les *Yeux* et le *Nez* ; le frontispice ajoutait qu'il y avait là des « ouvrages curieux, galants et badins, composés pour le divertissement d'une certaine dame de qualité, par J. P. N. du C. » Une annonce faite par un libraire hollandais, en 1721, informe le public que l'auteur se proposait de passer successivement en revue « toutes les parties du corps humain ; » projet scabreux qu'il n'eut pas le temps d'effectuer ou dont les difficultés l'arrêtèrent. Diverses indications permettaient d'ailleurs d'attribuer la rédaction de ce triple recueil à Étienne Roger, libraire actif, établi à Amsterdam, et qui mettait volontiers la main aux livres qu'il offrait au public. Toutefois les bibliographes les plus accrédités mettent l'œuvre sur le compte de Jean-Pierre-Nicolas Ducommun, dit Véron, dont les initiales cadrent fort bien avec l'énoncé du titre, et qui est l'auteur de diverses pièces de vers (fort médiocres) insérées dans la troisième partie du recueil en question.

Un quart de siècle s'écoula, et le volume mis au jour à Amsterdam reparut avec le titre suivant : *Éloge des tétons, ouvrage curieux, galant et badin, en vers et en prose*, publié par ***, Francfort, 1746, in-8. En 1775, cet *Eloge* fut derechef réimprimé sous la rubrique de *Cologne, à l'enclume de vérité*, 1775 ; on y joignit diverses *pièces amusantes et la Rinomachie ou Combat des nez*.

Vers la fin du siècle dernier, vivait à Paris un littérateur médiocre, mais actif, Claude-Francois-Xavier Mercier, surnommé de Compiègne, afin de le distinguer de divers autres Mercier ; il était né dans cette ville en 1763. Se trouvant sans ressources pendant les orages de la Révolution, il demanda à sa plume des moyens d'existence ; il se fit le vendeur de ses écrits, et il les multiplia rapidement. Il rédigeait, il compilait, il traduisait, il composait en prose et en vers une multitude d'in-18 qui se succédaient avec promptitude et qui portaient souvent l'empreinte de la rapidité avec laquelle ils étaient élaborés. Mercier d'ailleurs, il faut le reconnaître, manquait de goût, et son instruction était fort superficielle. Il a laissé divers écrits dont il est inutile de rappeler les titres, mais qui excitent, à bon droit, les craintes du chaste lecteur ; il aimait à traiter des sujets bizarres ; il mit en français, en y joignant des additions assez considérables, une facétie de l'Allemand Rodolphe Goclemin, et il les publia sous le titre d'*Eloge du pet*, dissertation historique, anatomique et philosophique sur son origine, son antiquité, ses vertus, sa figure, les honneurs qu'on lui a rendus chez les peuples anciens et les facéties auxquelles il a donné lieu (1799, in-18). Longtemps oubliés, les petits volumes sortis de l'officine de Mercier trouvent aujourd'hui des amateurs très-disposés à les recueillir ; dans le nombre figure l'*Eloge du sein des femmes*, publié à Paris en 1800 ; c'est un *riffacimiento* du volume dont nous avons mentionné trois éditions antérieures. Mais selon son usage, Mercier ne s'est point borné à une simple reproduction ; il a supprimé des longueurs, il a ajouté des détails nouveaux, il a inséré des pièces de vers parmi lesquelles il en est d'assez agréables ; il a remanié la division du texte original, qui se trouve offrir trois chapitres nouveaux ; il a joint à tout ceci une gravure due à un burin peu exercé qui a reproduit gauchement un dessin lourd et maussade. Il eût été facile de trouver sans doute un artiste mieux inspiré.

Le petit volume en question est devenu assez rare, surtout en bon état ; nous avons pensé que quelques amateurs feraient bon accueil à une quatrième édition de cet *Eloge* ; ils ne regretteront pas sans doute d'y trouver une sorte d'anthologie de ce que divers poëtes ont dit à propos du sein ; nous avons dû nous borner à choisir, car si nous avions voulu tout reproduire, nous aurions grandement dépassé les bornes que nous avons dû nous prescrire ; mais nous espérons que nos recherches, dans des volumes assez peu connus parfois, nous auront amenés à mettre la main sur des morceaux gracieux qu'on lira avec plaisir.

ÉPITRE DÉDICATOIRE

SONNET.

L'auteur du traité des Tetons
Chante si haut sur la matière
Qu'il donneroit musique entière,
S'il descendoit de quelques tons.

Mais comme sa muse est altière,
Il n'ira pas chez ses Martons,
Chanter leurs tourelontontons,
De là jusqu'à la jarretière.

Si cependant du haut en bas,
Il alloit pousser ses ébats ;
On entendroit belle harmonie !

Vénus, peinte par tous ses traits,
Feroit éclater mille attraits
Dans une telle anatomie.

Par C. L. d'Ar.

Nota. Nous avons supprimé l'épitre dédicatoire de Ducommun, sur l'édition d'Amsterdam, 1720, parce qu'elle n'a rien de neuf, ni de piquant ; nous la remplaçons par une petite pièce de vers assez rare et qui vient ici fort à propos, puisqu'elle s'adresse aux dames.

LES POMMES.

Le ciel, pour enchanter les hommes,
Vous a fait présent de six pommes :
Sur votre visage il a mis
Deux petites pommes d'apis
D'un bel incarnat empourprées,
Et que nature a colorées :
Les soucoupes et les cristaux
Ne portent pas de fruits si beaux.
Plus bas une fraîche tablette,
En supporte deux de rainette ;
Et l'on trouve encore plus bas

Deux autres qu'on ne nomme pas.
Elles sont de plus grosse espèce,
Et n'ont pas moins de gentillesse :
Ce sont deux pommes de rambour,
Qu'on cueille au jardin de l'amour.
Voilà trois paires de jumelles
Qui font tourner bien des cervelles.
Ève perdit le genre humain,
N'ayant qu'une pomme à la main ;
Mais notre appétissante mère,
En laissait voir deux sur son sein.
Et l'attrait des fruits de Cythère,
Dont l'aspect le mettait en train,
Fit succomber notre bon père.
Satan, dont l'esprit est malin,
Entrait aussi dans le mystère.
Pressés, comme Adam, de manger,
Nous pétillons d'impatience
Auprès du jardin potager
Dont vous portez la ressemblance.
Vive la pomme et les pommiers !
Leur aspect seul nous ravigotte :

On doit baiser les deux premiers,
Avec les seconds on pelotte :
Triomphe ! amour ! aux deux derniers.
Heureux qui les met en compotte !

CHAPITRE PREMIER

DES TÉTONS, DE LEUR POUVOIR ET

DE LEURS CHARMES

J'avais d'abord le dessein de faire un traité de la supériorité du teint blanc sur le brun, et ces deux chansons de Cl. Marot m'en avaient fourni l'idée :

DE LA BRUNE

Pourtant si je suis brunette,
Amy, n'en prenez esmoy :
Autant suis ferme et jeunette,
Qu'une plus blanche que moy
Le blanc effacer je voy.

Couleur noire est toujours une,
J'ayme mieux donc estre brune
Avecques ma fermeté,
Que blanche comme la lune
Tenant de legereté.

POUR LA BLANCHE

Pourtant si le blanc s'efface,
Il n'est pas à despriser :
Comme luy le noir se passe,
Il a beau temporiser.

Je ne veux point mespriser,
Ne mesdire en ma revanche :
Mais l'ayme mieux estre blanche
Vingt ou trente ans ensuivant
En beauté nayve et franche,
Que noire tout mon vivant.

Mais à quoi bon raisonner simplement sur les
couleurs, lorsqu'il y a tant d'autres beautés
plus solides chez les femmes ! ce serait mal

employer son temps, et abuser de la bonté de mes lectrices. Ce n'est donc, ni de vos pieds mignons, ni de vos belles mains potelées, ni de vos yeux brillants, ni de votre joli petit nez, ni des autres parties de votre charmant ensemble, que je veux vous entretenir aujourd'hui. N'appréhendez pas que je puisse vous faire rougir. Je suis de l'avis de Marot, lorsqu'il dit :

Arrière ! mots qui sonnent salement,
Parlons aussi des membres seulement
Que l'on peut voir, sans honte, descouverts ;
Et des honteux ne souillons point nos vers.
Car, quel besoin est de mettre en lumière
Ce qu'est nature à cacher coustumière ?...

Ainsi, pour ne pas vous tenir plus longtemps dans l'incertitude, c'est l'éloge des tétons que je vais faire. Le sujet est beau, il est grand, il a exercé les génies les plus élevés. Le cavalier Marin appelle les tétons des belles, deux tours vivantes d'albâtre, d'où l'amour blesse les amants : il les compare à deux écueils, contre lesquels notre liberté vient faire agréablement naufrage : il les appelle deux mondes de beautés, éclairés par deux beaux soleils, c'est-à-dire les yeux. Un poète français, qui n'est guères moins ingénieux que le cavalier Marin, moins magnifique dans ses peintures, mais plus juste et plus gai, les appelle dans une de ses chansons, deux pommes, et il ajoute :

Heureux qui peut monter sans bruit
Sur l'arbre qui porte ce fruit !

Cyrano de Bergerac trouve mauvais que les écrivains modernes, qui veulent peindre une beauté parfaite, emploient l'or, l'ivoire, l'azur, le corail, les roses et les lis : il n'a pas plus raison de les tourner en ridicule, parce qu'ils clouent les étoiles dans les yeux des belles, et qu'ils dressent des montagnes de neige à la place de leur sein : en effet, ces expressions pompeuses sont dignes de ces grands objets, et le sein des femmes a des charmes encore au-dessus de ceux de leurs yeux. C'est ce que

Cotin nous démontre par des vers sur une belle gorge :

Dans l'entretien délicieux
De la charmante Iris dont je suis idolâtre,
Va, pose, Amour, sur ses beaux yeux,
Le voile qu'elle a mis sur sa gorge d'albâtre.

Quand le printems a banni la froidure,
On ne voit point de si beaux lis
Aux jardins les plus embellis
Par les soins curieux qu'apporte la nature.

Depuis que de mon cœur je fis l'heureuse perte,
J'ai visité bien des climats,
En dépit des chaleurs, en dépit des frimats :
Et si je n'ai point fait de telle découverte.

Pour voir un objet sans pareil,
Il ne faut point courir sur tant de mers profondes,

Ni voir l'un et l'autre soleil,
Il faut voir ces deux petits mondes.

Pour rendre de mon sort tout l'univers jaloux,
Il suffit qu'à mes yeux leur blancheur on
étale ;
L'Aurore n'offrit rien à l'amoureux Céphale,
De si charmant et de si doux.

Ah ! si, sans leur déplaire, on osait les toucher,
Et si deux belles mains n'y mettaient point
d'obstacle,
Serait-ce point, par un miracle,
Amollir un cœur de rocher ?

Dans l'entretien délicieux
De la divine Iris, dont je suis idolâtre :
Amour, en ma faveur, viens mettre sur ses
yeux
Le voile qu'elle a mis sur sa gorge d'albâtre.

Une belle gorge avait tant d'empire sur le
cœur de Boursault, que pour en voir une, à

travers la mousseline, il devenait amoureux jusques à la folie. C'est ce que prouvera ce beau fragment d'une lettre qu'il écrivait à son ami Charpentier :

« Je vous ai fait promettre qu'après dîner nous irions ensemble chez la belle brune, avec qui nous jouâmes hier au logis de Mme Deshoulières : je vous dispense de me tenir parole, à moins que vous ne me donniez caution bourgeoise pour la sûreté de ma personne. Ce n'est pas que je doive rien appréhender pour ma liberté. Délivré de la tyrannie d'une blonde qui m'a fait soupirer quinze ou seize mois pour rien, j'ai fait serment de ne tomber de ma vie en de pareilles fautes ; mais dans les tems de ma première servitude, il m'est échappé tant de sermens, j'en ai tenu si peu, que je n'ose plus me mettre au hasard de jurer de rien. Je trouvai hier votre brune si bien faite, ses yeux me parurent si brillans, sa bouche si petite, sa gorge, que je ne vis que par les yeux de la foi, est, je crois, si belle, que si vous n'eussiez arraché ma vue de dessus ses charmes, quand vous me fîtes souvenir qu'il était tems de nous en aller, je sentais déjà ce que je sentis la première fois que je commençai d'aimer. Mon cœur, que j'ai fait le gardien de ma franchise, m'a joué tant de tours, que, si tantôt je vous accompagne à la visite que vous avez dessein de rendre, je gage que j'en reviens aussi chargé d'amour, que si on le donnait *pro Deo*. »

Le même auteur, faisant à sa maîtresse le portrait d'une belle, marque bien expressivement la victoire assurée que remporte une belle gorge sur une âme masculine.

« En vérité, Babet, dit-il, si tu ne reviens bientôt de Bagnolet, tu cours risque de ne pas me trouver constant à ton retour. On me mena hier au bal, où je trouvai une jeune personne qui n'a pas moins de belles qualités que toi. Elle a les cheveux d'un blond cendré, tout-à-fait beau, mais qui n'approche pourtant pas de la couleur des tiens. Elle a le front grand et élevé, mais le tien l'est encore davantage. Ses sourcils qui ne paraissent presque point, parce qu'ils sont blonds, se montrent toutefois assez, pour faire remarquer que leur symétrie est la plus régulière du monde. Ses yeux, qui sont aussi noirs que les tiens sont bleus, sont si bien fendus, qu'ils ne jettent jamais un regard, sans faire une conquête. Ils ont autant de vivacité que les tiens ont de douceur, et ils semblent faits pour prendre de l'amour, comme les tiens pour en donner. On voit sur ses joues une nuance de blanc et d'incarnat si éclatante, qu'il semble qu'elle tienne des mains de l'art un présent qui ne vient que de celles de la nature, qui a pris tant de peine après elle, que, sans toi, qui es son chef-d'œuvre, elle serait le plus beau de tous ses ouvrages. Son nez, qui n'est ni trop grand ni trop petit, est justement comme il le faut, pour avoir beaucoup de ressemblance avec le tien : sa bouche, qui n'est pas si petite que la tienne, est plus petite qu'aucune autre que j'aie jamais vue. Elle a les lèvres si fraîches et si vermeilles, que, depuis ton absence, je n'ai rien envisagé de plus charmant. Ses dents sont si blanches et si bien rangées, que je lui faisais cent contes risibles, pour avoir le plaisir de les voir souvent. Le trou qu'elle a au menton me fait souvenir qu'elle en a encore aux joues, ce qui donne une merveilleuse grâce au reste de son visage. Pour sa gorge, on peut dire :

Que c'est là que l'Amour, pour lancer tous ses traits,
Entre deux monts d'albâtre est campé tout exprès.

« Je te jure, Babet, que je n'ai jamais rien vu de si aimable ; si mon *galérien de cœur*, qui n'échappe jamais d'une chaîne que pour tomber dans une autre, ne se contentait de la gloire de tes fers :

Ma constance ébranlée allait faire naufrage. »

N'est-ce pas la jolie gorge de Dorimène qui fait ainsi délirer Sganarelle, lorsqu'il dit :

« Où allez-vous, belle mignonne, chère épouse future de votre époux futur ? Eh bien ! ma belle, c'est maintenant que nous allons être heureux l'un et l'autre ! vous ne serez plus en droit de me rien refuser ; je pourrai faire avec vous tout ce qui me plaira, sans que personne s'en scandalise. Vous allez être à moi, depuis la tête jusqu'aux pieds, et je serai le maître de tout ! de vos petits yeux éveillés, de votre petit nez fripon, de vos lèvres appétissantes, de votre petit menton, de vos petits tétons rondelets, de votre, etc. Enfin toute votre personne sera à ma discrétion, et je serai à même pour vous caresser comme je voudrai. N'êtes-vous pas bien aise de ce mariage, mon aimable pouponne ? »

On croira peut-être que ce discours de Sganarelle est une gradation, et que ce qu'il laisse en blanc, est le plus fort objet de sa passion ; je le veux bien, mais en ce cas, il a le goût un peu trop terrestre et grossier. Tel est celui de l'auteur des vers suivants, à sa maîtresse, sur un mal de gorge :

Il est bien peu galant de vous prendre à la
gorge,
Ce mal qui dedans vous regorge ;
C'est être à vous saisir un des plus maladroits ;
Si j'avois, comme lui, sur vous droit de
m'étendre,
Et, comme lui, le choix de ce qu'on peut vous
prendre,
Je vous saisirois bien par des meilleurs
endroits.

Que dira-t-on de la pensée d'un autre auteur qui dit : l'amour ressemble à un jeu de paume ; quand une fille se laisse baiser la main, cela vaut quinze ; si elle souffre que l'on prenne un baiser sur ses lèvres, cela vaut trente ; si elle permet que ce soit sur la gorge, cela vaut quarante-cinq : il ne faut plus qu'un coup, et le jeu est gagné.

Je raconterai l'histoire suivante, parce qu'elle est vraie :

« On a souvent parlé de la force du sang, mais on n'a pas aussi souvent parlé de la gorge ; quoi-qu'avec beaucoup de raison, on appelle aujourd'hui les tétons, le *boute-en-train*. Le fait suivant prouve admirablement leur vertu, qu'on peut nommer de résurrection, et de résurrection de la chair. Dans la plupart des églises papistes où la superstition était dominante, il se faisait des cérémonies tout à fait extravagantes. La ville de... était un des plus fameux théâtres de ces représentations de mystères ridiculement fanatiques. C'était une coutume établie de temps immémorial, de représenter chaque année, dans la semaine sainte, les mystères de la passion. Pour aller au solide, sans s'amuser à la bagatelle, on ne manquait pas, le jour du vendredi saint, d'offrir aux dévots spectateurs une scène burlesque du crucifiement du Sauveur du monde. On choisissait pour cela un jeune homme de la ville, auquel on faisait porter une croix fort pesante, à laquelle on l'attachait avec des cordes au lieu de clous, et dans une nudité presque complète. Je dis presque, parce que l'impudeur n'était pas encore parvenue au point de dévoiler certaines parties qui doivent être cachées. On les voila donc chez notre jeune homme avec une ceinture de papier. Il faut remarquer que le jouvenceau était le corps du monde le mieux formé, le plus vigoureux en apparence, et de la plus belle carrure d'épaules. Et que la même coutume faisait choisir entre les plus belles filles de la ville, trois tendrons qu'on aurait pris pour des Vénus, pour représenter les trois Maries pleurantes au pied de la croix. On n'avait pas seulement égard aux traits réguliers du visage, ni à la finesse de la taille, on voulait qu'elles fussent encore richement pourvues du grand mobile de la tendresse, je veux dire fournies de tétons à l'Anglaise, que l'on laissait en pleine liberté d'émouvoir la copie du Christ. Or, l'année où se passa le fait que je raconte, le choix fut si bon (les prêtres se connaissent en attraits) que l'on mit sous la croix, dans le beau désordre de la douleur, les trois filles les plus ravissantes. On eût pris chacune d'elle pour Vénus, ou toutes trois pour les Grâces. Elles ne furent pas plutôt sous les yeux du crucifié, qu'elles firent miracle, je veux dire que, malgré la situation où il était, et la majesté de son personnage, les trois Maries produisirent l'effet le plus étonnant que puisse peindre la chronique scandaleuse. Notre Hercule galant, posté à l'avantage, avait en perspective une demi-douzaine de tétons capables, par leur systole et leur diastole, de subjuguer la vertu du plus froid anachorète, ce qui occasionna un incident très-comique et très-profane, car le crucifié, au lieu de prononcer du haut de sa croix des paroles dignes de celui qu'il représentait, prononça des turpitudes dignes de l'abolition éternelle d'une cérémonie aussi indécente, et telles en un mot qu'on peut les deviner. Enfin, n'y pouvant plus tenir, il ne put s'empêcher de crier : « Otez donc de devant mes yeux les trois Maries, ou le papier va crever. » Le scandale que fit naître une telle action, et des paroles qui compromettaient à ce point la religion, firent rentrer l'archevêque en lui-même, et lui firent comprendre qu'elles l'exposaient à la risée publique. Il supprima donc un usage, ou plutôt un abus qui tendait directement au mépris du culte, de manière qu'il n'en fut plus parlé depuis.[1]

---

[1] Évariste Parny, auteur, en l'an VII, du poëme de la *Guerre des Dieux*, dans lequel on ne reconnaît plus le

chantre délicatement voluptueux d'*Éléonore*, du *Lendemain*, et de la *Journée champêtre*, a fait usage de cette anecdote dans le deuxième chant de ce poëme, première édition. Il l'a supprimée dans la seconde édition, et c'est peut-être un second tort. C'est dans cet Éloge qu'il a trouvé ce mystère qu'il fait jouer à la famille de Dieu : il n'a donc pas eu le mérite d'une grande invention dans ce poëme.

Pensant que le lecteur en sera satisfait, nous reproduisons ce morceau, qui du reste tient ici naturellement sa place :

Du Paradis la troupe infatigable,
Pour terminer, joua la Passion,
Et joua bien. Les conviés, dit-on,
Goûtèrent peu ce drame lamentable.
Mais un malheur qu'on n'avait pas prévu
Du dénouement égaya la tristesse :
Bien flagellé, le héros de la pièce
Était déjà sur la croix étendu.
On choisissait pour ce rôle pénible
Un jeune acteur intelligent, sensible,
Beau, vigoureux, et sachant bien mourir,
Il était nu des pieds jusqu'à la tête :
Un blanc papier qu'une ficelle arrête
Couvrait pourtant ce que l'on doit couvrir.
Charmante encore après sa pénitence,

Un peintre peut venir à bout de représenter aux yeux toutes les grâces d'un beau visage. Il échoue ordinairement, quand il essaye de peindre une belle gorge. La Motte en pourrait être une preuve dans le portrait suivant :

Toi, par qui ta toile s'anime.
Peintre savant, prends ton pinceau :

———————————————————

La Magdelène au pied de la potence
Versait des pleurs : ses longs cheveux épars,
Son joli sein qui jamais ne repose,
Du crucifié attirait les regards.
Il voyait tout, jusqu'au bouton de rose ;
Quelquefois même il voyait au-delà.
Prêt à mourir, cet aspect le troubla.
Il tenait bon ; mais quelle fut sa peine,
Quand le feuillet vint à se soulever !
« Otez, dit-il, ôtez la Magdelène !
Otez-la donc, le papier va crever. »
Soudain il crève ; et la Vierge elle-même
Pour ne pas rire a fait un vain effort.
« Le tour est bon, dit le Père suprême,
On le voit bien, le drôle n'est pas mort. »

Et qu'à mes yeux ton art exprime
Tout ce qu'ils ont vu de plus beau.

Ne m'entends-tu pas ? peins Silvie :
Mais choisis l'instant fortuné
Où, pour le reste de ma vie,
Mon cœur lui fut abandonné.

Au bal, en habit d'Espagnole,
Elle ôtoit un masque jaloux,
Plus promptement qu'un trait ne vole,
Je fus percé de mille coups.

Peins ses yeux doux et pleins de flamme,
D'où l'Amour me lança ses traits ;
D'où ce Dieu s'asservit mon âme,
En un instant et pour jamais.

Peins son front plus blanc que l'ivoire.
Siége de l'aimable candeur ;
Ce front, dont Vénus feroit gloire.
S'il y brilloit moins de pudeur.

Poursuis, peins l'une et l'autre joue,
La honte des roses, des lis ;
Et sa bouche où l'Amour se joue,
Avec un éternel souris.

Peins sa gorge.... Mais non : arrête....
Ici, ton art est surmonté ;
Ah ! quelques couleurs qu'il apprête,
Tu n'en peux rendre la beauté.

Laisse cet inutile ouvrage ;
Ah ! de l'objet de mon ardeur
Il n'est qu'une fidelle image :
Que l'Amour grava dans mon cœur.

La pièce suivante prouve que la gorge des mortelles est digne de plus d'amour et d'admiration que celle des déesses même, et que ces dernières en conviennent, ce qui est plus extraordinaire encore :

Au temps de l'aimable saison,
Iris rêvant dans la prairie,

S'endormit sur un mol gazon
Tapissé d'une herbe fleurie.
Zéphire, charmé de son teint,
Qui d'un vif incarnat se peint,
Vint d'abord faire le folâtre,
Autour de sa gorge d'albâtre.
Jalouse d'un transport si doux,
Flore gronda son infidelle,
Et lui dit, pleine de courroux :
Me préférer une mortelle !
Zéphire qui se sentoit fort,
Reparti : Voyez cette belle !
Flore jeta les yeux sur elle,
Et convint qu'il n'avait pas tort.

Il n'est donc plus étonnant qu'en traduisant l'inimitable Anacréon, un de nos poëtes français ait dit :

Que ne suis-je la fleur nouvelle
Qu'au matin Climène choisit,
Qui sur le sein de cette belle
Passe le seul jour qu'elle vit !

Le *Poëte sans fard* a trouvé fort bon ce souhait,
et l'a développé de cette manière :

Hélas ! trop cruelle Silvie,
Permettez au moins que j'envie
Le beau sort de certaines fleurs
Dont vous vous parez avec grâce,
Et dont votre beau teint efface
Toutes les plus vives couleurs.
Oui : je voudrois être la rose
Que vous placez sur votre sein.
D'une telle métamorphose
Quel est, direz-vous, le dessein ?
Le voici : par vos mains cueillie,
Mon destin seroit des plus doux ;
Je n'aurois qu'un seul jour de vie,
Mais je ne vivrois que pour vous.

Un poëte anacréontique du dix-neuvième
siècle, non moins grand admirateur de cette

belle portion des charmes du sexe qui fait tourner la tête au nôtre, exprime ainsi le même souhait, d'être changé en rose :[2]

AIR : *Je vais quitter ce que j'adore.*

Vive, de la métempsycose
Le système consolateur,
Par lui mon esprit se repose
Sur un avenir enchanteur.
Que mon être se décompose,
L'espoir m'offre un riant tableau :
L'Amour, sous les traits d'une rose,
Me promet un être nouveau.

AIR : *Une fille est un oiseau.*

Oh ! comme je jouirais
De cette métamorphose !

---

[2] Voy. *Le Bouquet de roses, ou le Chansonnier des Grâces,* première année, Favre, Palais-Égalité.

33

Sur le sein d'une autre Rose
Comme je m'étalerais !
Centuplant pour plaire à Rose,
De mes doux parfums la dose,
Avec plaisir je m'expose,
A mourir sur ses attraits :
Mourir !... oui ; mais je suppose
Que je puis d'une autre chose
Prendre encor la forme après. (*bis*.)

Le plaisant et érotique Le Pays, dans la lettre suivante adressée à sa Caliste, souhaite aussi de mourir sur son sein :

« Quand je sortis hier de chez vous, j'en sortis avec une bonne résolution de m'aller tuer, afin d'avoir l'honneur de vous plaire une fois en ma vie, et de vous défaire pour jamais d'une personne incommode ; mais jusques ici je n'ai pas exécuté mon dessein, à cause de l'embarras où je me suis trouvé à choisir un genre de mort. J'eus d'abord envie d'imiter feu Céladon, d'amoureuse mémoire, et de m'aller précipiter dans la rivière ; mais j'eus peur que l'eau ne me rejetât sur les bords, aussi bien que lui, et que je ne fusse recueilli par quelques nymphes pitoyables qui, malgré moi, me sauvassent la vie. Il me prit aussi fantaisie de m'aller pendre à votre porte, à l'imitation du pendart Iphis ; mais je m'imaginai que ce seroit vous déshonorer que de faire un gibet de votre porte ; outre que c'est un genre de mort pour lequel j'ai eu de l'aversion dès le temps que j'étois petit enfant. Je pensai aussi à m'empoisonner, mais je crus que du poison ne seroit pas capable de m'ôter la vie, non plus qu'à Mithridate, à cause de la grande habitude que j'en ai faite. N'étant pas mort depuis si longtemps que je me nourris de crainte, de chagrin, d'inquiétude et de désespoir, qui sont les poisons du monde les plus violents, apparemment je ne pourrois pas mourir pour prendre de l'arsenic ou de l'antimoine. Je n'oubliai pas aussi qu'un poignard mis dans le sein étoit un bon expédient pour mourir :

mais je crus que je ne devois pas choisir ce genre de mort qu'avoit choisi une femme qui mourut de regret d'avoir fait une chose que je meurs de regret de ne pouvoir faire. Mon désespoir est trop différent de celui de Lucrèce, pour ne pas mourir d'une mort différente. Enfin, Caliste, j'ai passé la nuit à chercher sans pouvoir trouver la mort dont je devois mourir. Au reste, ne croyez pas que ce soit la mort qui m'étonne, ce n'est que la manière de mourir qui m'inquiète : car, pour vous dire le vrai, après avoir vécu avec tant de chagrin, je voudrois bien mourir d'une mort qui me donnât un peu de plaisir. Je viens de penser à une qui seroit très-bien mon affaire : ce seroit, Caliste, de mourir entre vos bras, *pâmé sur votre sein*. Je sens bien en mon cœur que je n'ai pas d'horreur pour cette mort comme pour se noyer, s'empoisonner, se pendre ou se poignarder. Obligez-moi donc en me laissant mourir de cette sorte ; car, puisqu'enfin vous voulez que je meure, que vous importe que ce soit de douleur ou de plaisir ? »

Je serais tenté de croire qu'il y a, dans le charme attaché à une belle gorge, un talisman, de la magie et de l'enchantement ; ce qui pourtant détruit cette idée, c'est le sonnet suivant, adressé à des belles qui demandaient un secret, un sortilége et des paroles magiques pour se faire aimer :

Pourquoi me demander la ruse criminelle
Par quoi l'art des démons met les cœurs dans les fers ?
Vous, de qui la magie est blanche et naturelle,
Et fait qu'à vos appas tant de vœux sont offerts.
Par vos charmes vainqueurs l'esprit le plus rebelle
Rend grâces à l'amour des maux qu'il a soufferts,
La flamme de vos yeux est trop pure et trop belle

Pour unir sa puissance à celle des enfers
Ce beau sein qui fait naître et vos lis et vos
roses
Forme un enchantement de tant de belles
choses,
Que leur force invincible a droit de tout
charmer
Mais pour vous mieux servir de leur pouvoir
extrême,
Ajoutez seulement ces trois mots : *je vous
aime* ;
Qui pourrait s'empêcher alors de vous aimer ?

LES DEUX SAINTS

AIR : *La Fête des bonnes gens.*

Qu'en ce jour tout résonne,
Des chants dictés par nos cœurs.
Dérobons à l'automne
Ce qui lui reste de fleurs ;
Pour les belles, qu'on apprête
Des bouquets et des refrains ;

C'est aujourd'hui la fête,
La fête de tous les saints.

Tous les saints, ah ! Glycère,
C'est beaucoup pour un seul jour ;
Toi, qui n'adore guère
Que le plaisir et l'Amour,
Deux patrons, c'est bien honnête ;
Comme toi, je me restreins.
Et désormais je ne fête,
Ne fête que tes deux saints.

Ces deux saints que je chante
N'ont que des dehors flatteurs,
Et chacun d'eux m'enchante
Par de riantes couleurs.
Leur parure se compose
Du plus brillant des satins,
Ce sont deux boutons de rose
Qui couronnent tes deux saints.

Longtemps sans les connaître.
Je ressentis leur pouvoir ;

Il t'en souvient peut-être,
C'est toi qui me les fis voir.
A ce spectacle sensible,
Vers eux j'étendis les mains
Non, non, il n'est pas possible
De voir de plus jolis saints.

Quoiqu'ils soient, ma Glycère,
Presqu'aussi durs qu'un rocher,
Parfois à ma prière
Ils se sont laissé toucher ;
Jaloux de les voir encore,
Je donnerais, je le dis,
Pour ces deux saints que j'adore,
Tous les saints du Paradis.

FÉLIX.

CHAPITRE II

DES BEAUX TÉTONS

Avant de déterminer la forme et les qualités qui rendent une gorge parfaite, examinons en quoi consiste la beauté d'une femme. Il faut, dit-on, qu'elle réunisse les trente points suivants :

La jeunesse.
Taille ni trop grande ni trop petite.
N'être ni trop grasse ni trop maigre.
La symétrie et la proportion de toutes les parties.
De beaux cheveux longs et déliés.
La peau délicate et polie.
Blancheur vive et vermeille.
Un front uni.

Les tempes non enfoncées.

Des sourcils comme deux lignes.

L'œil bleu, à fleur de tête ; et le regard doux.

Le nez un peu long.

Des joues un peu arrondies, avec une petite fossette.

Le rire gracieux.

Deux lèvres de corail.

Une petite bouche.

Dents blanches et bien rangées.

Le menton un peu rond et charnu, avec une fossette au bout.

Les oreilles petites, vermeilles et bien jointes à la tête.

Un cou d'ivoire.

Un sein d'*albâtre*.

Deux boules de neige.

Une main blanche, longue et potelée.

Les doigts terminés en pyramides.

Des ongles de nacres, de perle, tournés en ovale.

L'haleine douce.

La voix agréable.

Le geste libre et sans affectation.

Le corsage délié.

La démarche modeste.

On a dit qu'Hélène réunissait ces trente points. *Franciscus Corniger* les a mis en dix-huit vers latins. Vincentio Calmeta les a aussi mis en vers italiens qui commencent par *Dolce Flaminia*.

Voici ceux de François Corniger :

MULIERIS PULCHRITUDO

Triginta hæc habeat, quæ vult formosa videri
Foemina : sic Helenam fama fuisse refert.
Alba tria, et totidem nigra ; et tria rubra ;
puellæ.
Tres habeat longas res, totidemque breves.
Tres crassas, totidem graciles, tria stricta, tot
ampla,
Sint itidem huic formæ, sint quoque parva tria.

Alba cutis, nivei dentes albique capilli :
Nigri oculi, cunnus, nigra supercilia.
Labra, genæ, atque ungues rubri. Sit corpore
longo,
Et longi crines, sit quoque longa manus.
Sintque breves dentes ; auris, pes. Pectora lata,
Et clunes, distent ipsa supercilia.
Cunnus et os strictam, stringunt ubi cingula
stricta,
Sint coxæ et culus, vulvaque turgidula.
Subtiles digiti, crines et labra puellis.
Parvus sit nasus, parva mamilla, caput.

En voici la traduction, que rapporte un vieux livre français intitulé : *De la louange et beauté des Dames.*

Trois choses blanches : la peau, les dents et les mains.

Trois noires : les yeux, les sourcils et les paupières.

Trois rouges : les lèvres, les joues et les ongles.

Trois longues : le corps, les cheveux et les

44

mains.

Trois courtes : les dents, les oreilles et les pieds.

Trois larges : la poitrine ou le sein, le front et l'entre-sourcil.

Trois estroites : la bouche, *l'une et l'autre*, la ceinture ou la taille et l'entrée du pied.

Trois grosses : le bras, la cuisse et le gros de la jambe.

Trois déliées : les doigts, les cheveux et les lèvres.

Trois petites : les tétins, le nez et la teste.

L'auteur du *Procès et amples examinations sur la vie de Carême-Prenant*, etc., dit qu'une belle femme se compose des beautés de divers pays.

Qui voudra belle femme querre (chercher),
Prenne visage d'Angleterre,
Ayant le corps d'une Flamande
Et les tetins d'une Normande,
Entés sur un cul de Paris,
Il aura femme de bon prix.

Celle qui a les bras charnus,
Grosse mammelle, nez camus,
Longue raison et courtes mains,
Elle est sujette au bas des reins.

Fille qui fait tetins paroir (paraître)
Son corps par étroite vêture
On se peut bien apercevoir
Que son c.. demande pâture.

Les trois quatrains ci-dessus sont tirés du
Momus Redivivus, t. II, p. 30 et 31, publié par
Mercier de Compiègne, qui, lui-même, les a
pris dans l'ouvrage cité plus haut.

BLASON DE LA BELLE FILLE

Une dame d'excellente beauté
En tous ses faits doit estre modérée,
Avoir le cœur rempli de loyauté,
Maintien rassis, contenance assurée ;
Bouche riant, mignonne, savourée,
Œil verdelet, le front largettement,

Clere de vis,[3] de couleur proprement.
Menton fourchu, la chevelure blonde.
Humble regard à lever doucement,
Parfaite en bien seroit la plus du monde.

Ferme tetin sur l'estomac planté,
Large entre-deux, rencontre relevée
Gorge plaisante, et le col long, santé,
Le nez traitiz,[4] sourcille déliée,
Mollette main, blanche, bien alliée
De doigts et bras gresle tant seulement,
Gente de corps, taillée adroitement.
Hauteur moyenne et de belle faconde,
Gorriere[5] un peu, parler courtoyement,
Parfaite en bien seroit la plus du monde.

Parmy les rains bien fournis à planté,
Grosse cuisse et devant haut enc...ée,

---

[3] Visage.
[4] Bien fait, joli.
[5] Recherchée dans sa toilette.

Motte à plein poing, sans être trop hantée,
De doux accueil et de rebelle entrée,
Le ventre épais, barbe de frais rasée,
Tenir l'escu au besoing droitement,
Et son bourdon serrer estroitement,
Je ne m'enquiers du trop ou peu profonde,
Le compagnon porter joyeusement
Parfaite en bien seroit la plus du monde.

ENVOY.

Prince gentil, pour vostre esbatement
Si vous trouvez un tel appointement
Au petit pied, jambe grossette et ronde,
Montez dessus et picquez hardiment,
Parfaite en bien seroit le plus du monde.

PIERRE DANCRE

ÉPIGRAMME PAR LE SIEUR MOTIN.

Si les esprits sont amusez
A joüer aux Champs Elisez,

Quand ils veulent jouer aux quilles,
Les boules sont tetins de filles.
Il est bien vray qu'en cet esbat
La boule les quilles abbat,
Mais icy c'est une autre affaire,
Car aux quilles vient le contraire,
Puisqu'au lieu de les renverser
Les tetins les font redresser.

CHANSON

J'ayme une fille de village,
De qui le gros sein pommelé
Monstre qu'elle tient recelé
Sous sa cotte un gros pucelage.

Aussi est-ce à elle qu'on baille
De son village tout l'honneur,
Capable d'allumer un cœur
D'une autre flamme que de paille.

Le plus galant des troubadours français, le
célèbre Marot, nous instruit particulièrement

de la beauté des tétons dans l'épigramme
suivante :

SUR LE BEAU TETIN

Tetin refait, plus blanc qu'un œuf,

Tetin de satin blanc tout neuf,

Tetin qui fait honte à la rose,

Tetin plus beau que nulle chose,

Tetin dur (non pas tetin, voire,

Mais petite boule d'yvoire)

Au milieu duquel est assise

Une frèze, ou une cerise,

Que nul ne void ne touche aussi ;

Mais je gage qu'il est ainsi,

Tetin donc au petit bout rouge,

Tetin qui jamais ne se bouge,

Soit pour venir, soit pour aller,

Soit pour courir, soit pour baller,

Tetin gauche, tetin mignon,

Tousjours loing de son compagnon,

Tetin qui portes tesmoignage

Du demeurant du personnage.

Quand on te void il vient à maints
Une envie dedans les mains
De te taster, de te tenir :
Mais il se faut bien contenir
D'en approcher, bon gré ma vie,
Car il viendroit une autre envie.

O tetin ne grand, ne petit,
Tetin meur, tetin d'appétit,
Tetin qui nuict et jour criez,
Mariez moy tost mariez.
Tetin qui t'enfles et repousses
Ton gorgias de deux bons pousses,
A bon droit heureux on dira
Celui qui de laict t'emplira
Faisant d'un tetin de pucelle,
Tetin de femme entière et belle.

Nous croyons faire plaisir au lecteur en mettant à la suite de la pièce de Marot celle de Guichard, qui lui sert de réponse.

LES TÉTONS.—À CLÉMENT MAROT

Sur les tétons, Marot, je pense comme vous :
C'est l'ornement, le trésor d'une belle.
A des tétons qui peut être rebelle ?
L'œil ne peut voir rien de plus doux.
Bienheureuse la main qui les tient à son aise !
Et plus heureuse encor la bouche qui les
baise !
Hélas ! pourquoi gêner leur liberté ?
Nul ajustement ne les pare
Comme l'entière nudité.
Ce qu'il faut d'embonpoint, leur élasticité,
L'intervalle qui les sépare,
Ce poli du satin, cette aimable rondeur,
Du bouton incarnat de la rose naissante,
Ce bouton surpassant la forme et la couleur,
Ce transparent tissu de neige éblouissante,
Et l'azur qui dessous se divise et serpente.
Tout est vu, pressé, dévoré,
Le BEAU TETIN, par vous gentiment célébré
Valoit-il les tétons pour lesquels je soupire ?
Mon cher Marot, eh quoi ! ces tétons pleins

d'appas
Ne vous font point revoler ici-bas !
J'en remettrois la gloire à votre lyre.

O de tous les tétons, tétons victorieux,
Chef-d'œuvre de l'amour, tétons.... tétons des
Dieux !
Foible mortel, renonce à chanter leur empire ;
Tout l'Olympe assemblé n'y pourroit pas
suffire ;
Et, ce qui fait leur prix, ce qui fait mon
bonheur,
Auprès de ces tétons je sens.... je sens un
cœur.

Benserade a rivalisé avec Marot dans
l'apothéose des beaux tétons ; car quel poëte
ne les a pas chantés ! et voici la belle définition
qu'il en donne dans un sonnet :

Beau sein déjà presque rempli,
Bien qu'il ne commence qu'à poindre,

Tétons qui ne font pas un pli,
Et qui n'ont garde de se joindre.

De jeunesse ouvrage accompli,
Que de fard il ne faut pas oindre ;
Si l'un est rond, dur et poli,
L'autre l'égale et n'est pas moindre.

Sein par qui les dieux sont tentés,
Digne échantillon de beautés,
Que le jour n'a point regardées ;

Il garantit ce qu'il promet,
Et remplit toutes les idées
Du paradis du Mahomet

La blancheur, la rondeur et la fermeté sont donc trois qualités essentiellement requises pour mériter aux tétons le nom de beaux. Marot, qui était connaisseur dans cette sorte de friandise, les aimait ronds, comme on le voit dans ces vers, qui renferment des conseils sur le choix d'une maîtresse.

Quand vous voudrez faire une amie,
Prenez-la de belle grandeur :
En son esprit non endormie,
Et son tetin bonne rondeur.
Douceur
En cœur,
Langage
Bien sage,
Dansant, chantant par bons accords,
Et ferme de cœur et de corps.

Si vous la prenez trop jeunette,
Vous en aurez peu d'entretien ;
Pour durer, prenez-la brunette,
En bon poinct d'asseuré maintien :
Tel bien
Vaut bien
Qu'on fasse
La chasse
Du plaisant gibier amoureux :
Qui prend telle proye est heureux.

Marot le prouve encore par ce rondeau :

Toutes les nuicts, je ne pense qu'en celle
Qui a le corps plus gent qu'une pucelle
De quatorze ans, sur le point d'enrager,
Et au dedans un cœur, pour abbréger,
Autant joyeux qu'eut onques demoiselle.

Elle a beau teint, un parler de bon zèle,
Et le tetin rond comme une groiselle,
N'ay-je donq pas bien cause de songer
Toutes les nuicts ?
Touchant son cœur, je l'ay dans ma cordelle,
Et son mary n'a, sinon le corps d'elle ;
Mais toutefois, quand il voudra changer,
Prenne le cœur, et pour le soulager,
J'auray pour moi le gent corps de la belle
Toutes les nuicts.

Bois-Robert, né à Caen, en 1592, a aussi
chanté le sein dans les stances suivantes :

Beau sein, belles bouches d'yvoire,
Vivants objects de ma memoire,
Cheres delices de mes jours,

Qui dedans vos rondes espaces
Cachez la demeure des Graces
Et la retraicte des Amours.

Gorge de lys, pommes d'albatre
De qui mon œil est idolatre,
Source des amoureux desirs.
Parfait assemblage de charmes,
Digne sujet de tant de larmes,
De tant de vers et de soupirs :

Objects d'eternelle allegresse,
Petits messagers de jeunesse,
Petits gemeaux ambitieux,
Qui desja pour vous trop cognestre
Ne faisant encor que de naistre,
Vous enflez d'orgueil à nos yeux.

Plus heureux qui pour vous soupire ;
Le mal qu'il se plaist d'endurer :
Mais, ô merveille que j'adore,
Je tiens bien plus heureux encore
Celuy qui vous fait souspirer.

Charles Cotin nous fait voir dans le sonnet suivant *sur les tétons*, qu'ils doivent être fermes, ronds, et bien écartés l'un de l'autre.

Tandis que deux voisins sans se joindre véquirent,
Tous deux également de tous furent aimez ;
Tous deux enflez d'orgueil et de grace animez.
Partagèrent entr'eux l'honneur qu'ils acquirent ;

Tous deux avoient quinze ans à l'âge qu'ils naquirent ;
Tous deux sur même moule ils paraissoient formez ;
L'un l'autre ils se fuyoient de dépit enflammez,
L'un à l'autre enviant les conquêtes qu'ils firent.

Bien qu'un prince passât, ils ne s'ébranloient point ;
Mais enfin leur orgueil s'enfla jusqu'à ce

58

point,
Que leur triste union commença de paroître.

Ils se baisèrent tant, qu'ils en firent pitié ;
L'amour de tous naquit de leur inimitié,
Et de leur union le mépris vint à naître.

M. Le Pays paraît être du même goût, quand il dit à son Iris, dans le portrait qu'il fait d'elle :

« Votre gorge semble avoir été faite au tour ; et l'on peut dire que c'est une beauté achevée. Votre sein est digne de votre gorge ; il est blanc, gras et potelé. Les deux petits globes qui le composent ne sont éloignez que de deux doigts, et cependant je suis assuré que de leur vie ils ne se sont baisez, quoi qu'ils soient frères, et qu'ils deussent bien s'aimer, si la ressemblance fait l'amitié. »

L'auteur de la chanson picarde, qui commence par ces mots : *Ton himeur est, Catherene*, les aimait aussi avec cette qualité ; il fait dire à l'amant :

Pour ta bouche elle est plus rouge
Que n'est la creste d'un cocq ;
Et ta gorge qui ne bouge,
Paroit plus ferme qu'un roc.

Une belle gorge étant la meilleure recommandation que puisse avoir une femme, elle ne saurait trop la voiler pour la garantir du hâle ; car il en est peu de privilégiées aujourd'hui à qui l'on puisse adresser ce madrigal :

On a beau dire, Iris, pour louer votre teint,
Que sa blancheur est sans seconde :
Pour moi qui ne dis rien de flatteur ni de
feint,
Je soutiens qu'il en est une plus grande au
monde.
N'en déplaise à la vanité
De votre superbe visage ;

Vos tétons, belle Iris, en bonne vérité,
Voudroient-ils en blancheur lui céder
l'avantage ?

La Puce de Mme des Roches, Paris, 1583, in-4° ;
1610, in-8°. Réimprimé, 1868, Paris, Jouaust,
petit in-8°.

On sait quelle fut l'origine de ce recueil. La
haute société de Poitiers s'honorait alors de
deux dames appartenant à la race des
Précieuses, de Molière, c'étaient Mme des
Roches et sa fille Catherine. Poëtes elles-
mêmes, mais dans une mesure très-restreinte,
elles réunissaient autour d'elles une société de
beaux esprits. Les Grands-Jours, tenus à
Poitiers en 1579, amenèrent autour de ces
dames tous les magistrats que cette solennité
avait appelés dans cette ville. Un jour, Étienne
Pasquier aperçut une puce qui s'était
« parquée au beau milieu du sein » de Mlle des
Roches ; il fit remarquer la témérité de
l'animal ; il s'ensuivit quelques propos badins ;

l'incident provoqua d'abord l'échange de deux pièces de vers entre Pasquier et Mlle des Roches ; les savants magistrats, prenant fait et cause, se mirent à célébrer la puce en français, en latin, en espagnol, en grec même. Pasquier recueillit ces divers morceaux ; de là vint le volume qui devait avoir pour titre : *la Puce de Mlle des Roches*, car ce ne fut pas madame sa mère qui fut l'héroïne de l'aventure. L'uniformité du sujet donne à ces compositions une teinte de monotonie, mais la forme en est toujours agréable, et on y trouve de gracieux détails. L'éditeur de 1868 a suivi le texte de l'édition de 1610, en notant les principales variantes (les préfaces des deux éditions sont tout à fait différentes) ; il s'est borné à reproduire les pièces françaises.

Nous nous contenterons de citer la pièce ci-dessous, d'Étienne Pasquier. Elle résume à elle seule tout ce que les autres poëtes en ont pu dire.

LA PUCE

Ainsi que dedans le pré,
D'un vert émail diapré,
On voit que la blonde avette
Sur les belles fleurs volette,
Pillant la manne du ciel,
Dont elle forme son miel ;
Ainsi, petite pucette,
Ainsi, puce pucelette,
Tu voles à tâton
Sur l'un et l'autre téton ;
Or, ayant pris ta posture,
Tu t'en viens à l'aventure.
Soudain après héberger
Au milieu d'un beau verger,
Paradis qui me réveille,
Lorsque plus elle sommeille :
Là, prenant ton bel ébat,
Tu lui livres un combat,
Combat qui aussi l'éveille,
Lorsque plus elle sommeille.

Je ne veux ni du taureau,
Ni du cygne, blanc oiseau,
Ni d'Amphytrion la forme,
Ni qu'en pluye on me transforme.
Puisque ma dame se paist
Sans plus de ce qui te plaist,
Plust or à Dieu que je pusse
Seulement devenir puce !
Tantost je prendrois mon vol
Tout au plus haut de ton col,
Ou, d'une douce rapine,
Je sucerois ta poitrine,
Ou lentement, pas à pas,
Je me glisserois plus bas,
Et d'un muselin folastre,
Je serois puce idolastre,
Pinçottant je ne sçais quoi,
Que j'aime trop plus que moi !

Mais las ! malheureux poëte !
Qu'est-ce qu'en vain je souhaite ?
Cet échange affiert à ceux
Qui font leur séjour aux cieux.

Et partant, puce pucette,
Partant, puce pucelette,
Petite puce, je veux
Adresser vers toi mes vœux.
Si tu piques les plus belles,
Si tu as aussi des aisles
Tout ainsi que Cupidon,
Je te requiers un seul don
Pour ma pauvre âme altérée,
O puce ! ô ma Cythérée !
C'est que ma dame, par toi,
Se puisse éveiller pour moi !
Que pour moi elle s'éveille,
Et ait la puce en l'oreille !

ÉTIENNE PASQUIER.[6]

---

[6] Étienne Pasquier, avocat, naquit en 1529 et mourut en 1615.

MADRIGAL

Le téton de Babet est plus blanc que
l'albastre ;
Pour estre ferme et rond il n'a point de pareil ;
On ne peut sans amour voir son bouton
vermeil,
Faut-il donc s'estonner si j'en suis idolastre !

Quand j'y porte la main de son consentement
Rien ne peut estre égal à mon contentement,
Je suis ravy d'avoir ce charmant privilége,
Mais quand elle s'oppose à mon ardent
dessein,
O Babet ! ô friponne, aussitost, m'escriay-je,
Vous faites bien la fière avec votre beau sein,
Ah ! vrayment vostre sein est un beau sein de
neige.

(*Nouveau mélange de pièces curieuses, tant en
prose qu'en vers*. Paris, A. de Sommaville,
1664, in-12.)

Il existe un poëme allégorique et moral, intitulé : *Architrenius*, publié à Paris en 1517, in-4°, et dont l'auteur, Jean d'Hanteville ou d'Hanville, était un moine qui vivait à la fin du douzième siècle. Ce bon religieux mettait, dans ses vers, sans y entendre malice, des traits un peu vifs ; il se plaît, par exemple, à tracer le portrait d'une jeune beauté ; un passage est relatif au sein, il tombe dans notre domaine :

Non implet longoeva sinum, puerilibus annis
Castigata sedes, teneroque rotundula botro....

Nous avons sous les yeux une traduction inédite de ce fragment :

« Tel qu'une graine vermeille de raisin, un petit tetin, frais et poli, s'élève mollement sur un sein arrondi, et la couleur de rose contraste avec cette touffe de lys. Ces deux globes charmants sont grossis par l'effet de leur jeunesse, et non par le lait qui ne les a pas encore remplis. Un léger nœud de ruban les serre sans en comprimer la fermeté. Elevés au milieu d'une surface plane, ces monticules font voir au milieu d'eux comme un vallon. »

LES DÉLICES DE LA POÉSIE GALANTE.
Paris, Ribou, 1666, in-12.

SIXAIN

En envoyant un bouquet de jassemin.

Allez, doux jassemin où l'amour vous appelle,
Et si vous approchez du beau sein de Philis,
Dont la blancheur ternit celle des plus beaux
lis,
Avant que de mourir, dites à cette belle
Que je croirais mon sort bien doux
D'y pouvoir mourir avec vous.

SOMAISE.

SUR UNE SANGSUE QUI PIQUE LE SEIN DE SYLVIE.

Quel objet de courroux se présente à ma vue ?
Un insecte cruel, une noire sangsue
Pique un sein plus blanc que les lys,
Dont tous les traits sont accomplis.
Crois-tu bien te souler du sang de ma Silvie ?
Sa blancheur te devrait détourner du dessein
De lui piquer le sein.
Si tu veux contenter ta malheureuse envie,
La peine suivra ton souhait,
Car soudain tu perdras la vie
Et tu n'auras sucé que des gouttes de lait.

LE BUSC

Cette pièce étant un peu longue et assez
médiocre, nous n'en reproduirons qu'un
fragment :

Ce bois touche par privilege
Un double petit mont de neige
Qui, par un joli mouvement
Se soulève fort mollement
Et puis mollement se rabaisse,

Allant et revenant sans cesse
D'un air charmant et gracieux,
Comme s'il s'approchait des yeux
Pour ses beautés faire connoistre
Et puis mollement disparoistre.

L'AMOUR SUR UNE GORGE REBONDIE

SONNET.

C'est ici qu'on peut voir qu'en l'un et l'autre
monde
Je règne également et je donne des loix ;
J'en ai deux aujourd'hui que j'habite à mon
choix
Et dans chacun des deux ma gloire est sans
seconde.

Sur deux fermes tétons mon empire se fonde ;
J'y soumets sans efforts les plus superbes rois ;
Il n'en est point qui puisse éviter mes exploits
Et que ma politique à la fin ne confonde.

Je ne crains pas, comme eux, les moindres
changemens ;
J'aime à voir remuer, et les soulèvemens
Servent à ma grandeur, s'ils font leur
décadence.

Et quoy que les prudens et les plus advisés
Imputent la faiblesse aux États divisés,
Si les miens ne l'étoient, j'aurois moins de
puissance.

Louis XV demanda un jour à Bouret,
secrétaire du cabinet, comment il trouvait la
dauphine et si elle avait de la gorge. Il
répondit que Marie-Antoinette était
charmante de figure et qu'elle avait de beaux
yeux. « Ce n'est pas cela dont je vous parle,
répondit Sa Majesté, je vous demande si elle a
de la gorge.—Sire, je n'ai pas pris la liberté de
porter mes regards jusque-là.—Vous êtes un
sot, continua le monarque en riant, c'est la
première chose qu'on regarde aux femmes. »

RONDEAU.

Au doulx chant de ces alouettes
En ces moys dauril et de may
Je me mettois en grand esmoy
De dire plusieurs bergerettes
La desirois mes amourettes
A les tenir aupres de moy
Au doulx chant.

Pour manier les mammelettes
Et leur bailler soubdain la foy
Tout ainsi que faire le doy
Dessus ces belles herbelettes
Au doulx chant.

MARINO.

Les tétons des belles sont deux tours vivantes
d'albâtres d'où l'Amour blesse les amants. Ce
sont deux écueils contre lesquels nos libertés
vont agréablement faire naufrage ; deux
mondes de beauté éclairés par deux beaux

soleils qui sont les yeux. Un auteur français les compare à deux pommes et s'écrie :

Heureux qui peut monter sans bruit
Sur l'arbre qui porte ce fruit.

Au commencement du XVIIIe siècle, les dames portaient sur leur gorge découverte des croix et des petits Saint-Esprit en diamants. Aussi, un prédicateur s'écria-t-il un jour en chaire : « Bon Dieu ! peut-on plus mal placer la croix qui représente la mortification, et le Saint-Esprit, auteur de toutes bonnes pensées. »

Voici une pièce manuscrite attribuée à Voisenon ; j'ignore si elle a été imprimée, mais comme elle est peu connue, les lecteurs seront sans doute charmés de la trouver ici.

LES TETONS DE MA COUSINE

Il te souvient de ce Pygmalion,
De la statue élégante qu'il aime,
Et que Vénus, pour sa dévotion,
Avoit changée en une autre elle-même.

En toi le cas pareil est arrivé ;
Tu fus statue ; car, par expérience
J'en suis certain, et ce qu'ici j'avance
Est dans ces vers un peu plus bas prouvé.

Étant encor bloc de marbre insensible
Tout étoit dur ; tu n'avois nul ressort ;
Vénus voulut t'amollir tout le corps
Pour te le rendre aux plaisirs plus flexible.

Pour recevoir et donner un baiser
Bien tendrement à l'amant qui te presse,
Elle amollit ta bouche enchanteresse,
Elle amollit tes bras pour l'embrasser.

Jambes d'abord et ce qui les surmonte
Gardent encor un peu de dureté,
Moins que le marbre, et si plus haut on
monte,
On trouvera de l'élasticité.

Mais ce qui peut mieux prouver mon système,
Elle oublia de changer tes tétons ;
Ils sont taillés aussi juste, aussi ronds
Et blancs et durs comme le marbre même.

MADRIGAL.

Tout ici baise, Jeanneton,
Ton mouchoir baise ton téton,
Tes cheveux se baisent et rebaisent,
Je vois tes lèvres se baiser ;
Et si toutes choses se baisent
Voudrais-tu bien me refuser ?

Je n'ai pas envie de déterminer positivement
ici de quelle taille doivent être les tétons, ni
prendre parti dans le différend qui pourrait

s'élever sur la longueur, la largeur et la distance de ces deux parties du corps des belles ; je dirai seulement que si les hommes ont raison de donner la préférence aux plus gros, d'autres n'ont pas tort de préférer un sein qui n'est pas fort garni. Il faut croire, sur ce point, que Le Pays parlait sérieusement et sans flatterie à sa Caliste, lorsqu'il s'exprimait ainsi :

« Votre sein n'est pas des plus remplis, mais ce que vous en avez est blanc ; et, s'il m'est permis de le dire comme je le pense, le morceau, pour être petit, ne laisse pas d'être délicat. »

Une chose au moins que je puis avancer hardiment, c'est qu'une femme ne saurait être belle, si elle n'a une belle gorge et un beau sein. Aussi voyons-nous que de tous les faiseurs de portraits, aucun n'oublie les tétons, quand il veut peindre une beauté parfaite.

M. Victor Cousin, dans son ouvrage sur *Mme de Longueville*, parle à diverses reprises de l'objet qui nous occupe. Décrit-il (t. Ier, p. 321) un portrait de la duchesse par Anselme van Hull, il observe que « le sein à demi-découvert, paraît dans sa beauté modeste. » A-t-il l'occasion de retracer les traits d'Anne d'Autriche, de la duchesse de Chevreuse, de Mme de Montbazon, il n'oublie pas de vanter la perfection de leur gorge. Le philosophe éclectique, le traducteur de *Platon*, l'éditeur de l'infortuné *Abailard*, était connaisseur.

CHAPITRE III

S'IL EST DE LA BIENSÉANCE QUE LES DAMES LAISSENT VOIR LEURS TÉTONS, ET S'IL EST PERMIS AUX AMANTS DE LES TOUCHER

L a solution de ce problème présente de grandes difficultés, et pourrait être la matière d'une longue et savante dissertation ; mais les longs ouvrages me font peur :

« Au lieu d'épuiser la matière,
Il n'en faut prendre que la fleur. »

Molière fait dire au Tartuffe, qu'un sein découvert blesse l'âme, et fait naître de coupables pensées. Le petit-père André se récriait là-dessus avec beaucoup de zèle dans un de ses sermons : « Quand vous voyez, disait-il, ces tétons rebondis et qui se montrent avec tant d'impudence, bandez, messieurs, bandez-vous les yeux. » Un autre prédicateur turlupin, si ce n'est pas le même, défendait aux filles de découvrir leurs seins, et d'en laisser approcher la main entreprenante des amants ; « car, disait-il pour terminer une violente sortie « quand la Hollande est prise, adieu les Pays-Bas. » Il faisait, par ce mot de Hollande, allusion au fichu de batiste ou de toile de Hollande qui couvrait alors le sein de nos belles, un peu plus que leur gaze très-claire ne le fait aujourd'hui.

On trouve dans le *Cabinet satyrique*, les vers suivants :

SUR LES FEMMES QUI MONTRENT LEUR SEIN

ÉPIGRAMME.

Les filles qui, au temps passé,
Souloient descouvrir leur visage,
Ceste coustume ont délaissé
Pour de leur sein nous faire hommage ;
S'elles en continuent l'usage,
Descouvertes jusqu'à l'arçon,
Sus, sus ! enfants, prenons courage,
Nous leur verrons bientost le c..

QUATRAINS SUR LE MESME SUBJECT.

A vostre advis, si celle-là
Qui va la gorge descouverte
Ne faic pas signe par cela
Qu'elle voudroit estre couverte ?

Madame, cachez vostre sein
Avec ce beau tetin de rose,
Car si quelqu'un y met la main,
Il y voudra mettre autre chose.

Les dames qui monstrent leurs seins,
Leurs tetins, leurs poictrines nuës,
Doit-on demander si tels saincts
Demandent chandelles menuës ?

STANCES SUR LA DÉFENSE DES GORGES DESCOUVERTES DES DAMES

Je ne sçay par quelle malice
On dit aujourd'huy que c'est vice
De montrer son sein rondelet,
Veu qu'au temps premier d'innocence
La femme n'eut onc cognoissance
N'y de robe ny de colet.

Elle cheminoit toute nuë
Par les prés, sur l'herbe menuë,
Parlant avec son amoureux :
Blasmerons-nous les femmes belles
Qui commencent par leurs mamelles
A ramener ce temps heureux ?

Il faut cacher la main sauvage,
Pleine de sang et de carnage,
Et couvrir la bouche qui ment,
Mais une mamelle gentille
Et le blanc tetin d'une fille
Ne se doit cacher nullement.

Il faut enfermer sans lumière,
Au plus profond d'une tanière
Le serpent et l'ours affamé,
Mais un beau sein que l'on descouvre
N'a le venin d'une couleuvre,
Pour estre clos et renfermé.

Fol est l'usurier qui resserre
Ses facultez dedans la terre
Et tient son or ensevely ;
Mais les pucelles libérales,
Entre deux pommes bien esgales,
Montrent l'ivoire bien poly.

Tout aussi tost que nos déesses
Voulurent monstrer les richesses

De leurs beaux tétons précieux,
Amour, aveugle de nature,
Ne vola plus à l'aventure,
Et se desbanda les deux yeux.

Il rougit une double fraise
Dedans le feu de sa fournaise,
Deux soufflets furent les tétons,
Qui de chaudes vapeurs s'enflèrent
Et dedans nos âmes soufflèrent
Le feu d'amour que nous sentons.

Mais que servent ces jardinages,
Tant de couleurs et de feuillages,
Si l'œil humain en est absent ?
Et voyons-nous dessus l'espine
Fleurir une rose pourprine
Pour la cacher lorsqu'elle sent ?

Quand Aquilon par l'air galope
Et qu'en janvier il envelope
La terre d'un pasle bandeau,
Tous ses plaisirs elle abandonne,

Elle gémit, elle frissonne,
Comme un prisonnier au cordeau.

Mais quand Zéphire la courtise,
Lui despouillant sa robe grise
Pleine de cent mille glaçons,
Elle est du soleil penetrée
Et enfante d'une ventrée
Mille fleurs de mille façons.

Vénus honteusement traictée,
Devant les dieux fut garottée
Avecques Mars, son favory ;
Promptement accourut Jeunesse
Qui vint destacher sa maistresse,
En despit du cocu mary.

Pour éternelle récompense,
La mère d'Amour à Jouvence
Despoüilla ces deux monts charnus :
De là vient que les damoiselles,
Quand on leur taste leurs mamelles,
Ont souvenance de Vénus.

Je ne prétends pas m'ériger en casuiste pour décider si les femmes peuvent et doivent montrer leur sein ; mais quand je pourrais prouver, d'une manière péremptoire, qu'il est plus à propos que les femmes se le couvrent, je ne sais si j'aurais le courage de l'entreprendre. Je vois, d'un côté, tous les amants déchaînés contre moi, si je m'oppose ainsi à leurs plaisirs ; et, d'un autre côté, toutes nos élégantes, furieuses de me voir condamner une mode qu'elles suivent presque généralement. Je citerai donc seulement ces vers de Mercier de Compiègne, qui me paraissent justes. Il dit, en parlant aux auteurs, au sujet du poëme de la *Guerre des Dieux*, dans lequel Parny s'égaye sur les tétons de la sainte Vierge, et ne gaze pas assez ses tableaux :

Revenez, le goût vous rappelle,
Mais gazez un peu vos tableaux ;
Drapez Vénus : elle est plus belle
Quand un nuage la recèle ;
Le demi-jour sied à Paphos.

Voici les vers auxquels Mercier fait allusion :

Junon, Vénus et d'autres immortelles
Se moquaient de la brune Marie :
Son embarras, son air de modestie,
Servaient de texte aux illustres belles.
Mais n'en déplaise à ces juges sévères,
De grands yeux noirs, doux et voluptueux,
Des yeux voilés par de longues paupières,
Quoique baissés, sont toujours de beaux yeux.
Lorsqu'elle parle, une bouche de rose
Est éloquente et même on lui suppose
Beaucoup d'esprit. De pudiques tétons,
Bien séparés, bien fermes et bien ronds,
Et couronnés par une double fraise,
Chrétiens ou juifs, pour celui qui les baise,
N'en sont pas moins de fort jolis tétons.

PARNY.—*Guerre des Dieux*, ch. Ier.

Le Pays est pour la mode qui trotte, quand il
parle de cet air à sa Margoton :

« J'ai un nouvel avis à vous donner sur ce que je vis hier que vous teniez vos petits tétons enfermez aussi exactement qu'une religieuse. Vous avez tort, Margoton, de tenir ainsi en prison deux jeunes innocens qui n'ont point encore commis de crime. Je vous assure qu'ils souffrent cette clôture à contrecœur. Malgré le linge qui les resserre, j'ai remarqué qu'ils en soupirent de tristesse, et qu'ils en sont tout enflés de colère. A cause que vous êtes sage de bonne heure, vous voulez peut-être qu'ils vous imitent ; mais ne savez-vous pas qu'ils sont plus jeunes que vous : que vous avez quatorze ans, qu'ils n'ont que quatorze mois ; et qu'ainsi, quand vous seriez déjà sérieuse, il leur seroit permis de faire encore les badins ? Lorsque vous n'étiez pas plus âgée qu'ils le sont présentement, votre nourrice n'avoit point de honte de vous montrer toute nue ; pourquoi en auriez-vous donc de nous montrer à nud deux jeunes enfans qui ne sont jamais si beaux que quand ils sont découverts ?

N'est-ce point que la tante qui vous gouverne a peur que, si vous les laissiez sans contrainte, ils n'usassent mal de leur liberté, et qu'ils ne l'employassent à attaquer la nôtre ? Si c'est pour cette raison qu'elle vous les fait couvrir si soigneusement, elle devroit aussi vous obliger à cacher vos yeux et vos autres appas, puisque vous n'en avez aucun qui ne dérobe tous les jours quelque cœur ou quelque liberté. Mais je veux lui apprendre que vos tétons en deviendront plus malicieux, plus ils seront enfermés. Car si, dans leur prison, ils découvrent quelque trou par où ils puissent voir le jour, ils se mettront là en sentinelle, pour assassiner le premier homme qui les regardera : si bien qu'on fera mieux de leur donner liberté toute entière ; car alors on s'apprivoisera avec eux tout de bon, ils en deviendront moins dangereux. »

Louis XIII ne fut point de cet avis, lui qui ne pouvait souffrir la vue d'un sein découvert,

ainsi qu'on en peut juger par l'anecdote
suivante :

Chacun sait que Louis XIII était impuissant
ou à peu près. Un conseil de médecins, après
l'avoir visité, déclara que jamais postérité ne
sortirait de lui. Aussi, ce fils atrabilaire d'un
père si galant, haïssait le sexe en général. Les
femmes lui inspiraient un éloignement qui
tenait de l'aversion. La vue d'un sein même
jeune, frais et ferme le dégoûtait. Il ressentait
le même dégoût et presque de l'effroi à la vue
d'autres charmes plus secrets. Chez lui, la
nature ne se taisait pas seulement à leur
approche, elle se révoltait. De là cette
réputation de chasteté que les courtisans ont
faite à ce monarque ; de là l'infécondité
d'Anne d'Autriche après dix années de
mariage, et le délaissement déplorable de cette
voluptueuse princesse.

L'inclination que Louis XIII éprouva pour
Mlle d'Hautefort ne dément point cette

assertion ; elle l'appuie au contraire d'un sensible témoignage. Louis s'était attaché à cette jeune personne parce qu'elle était organisée comme lui. Elle ne laissait voir aucune des faiblesses naturelles aux dames. Un écrivain ingénieux a dit que Louis XIII n'était amoureux que depuis la ceinture jusqu'en haut, et que ses amours étaient vierges. Cette pruderie était poussée si loin qu'elle donna lieu à une impolitesse qui trouve naturellement sa place ici. Dans un voyage que fit Louis XIII, il s'arrêta à Poitiers. Il y eut un grand couvert ; on recherchait avidement alors ces exhibitions de souverain, comparables à celles des ménageries, sauf l'argent donné à la porte. Une jeune spectatrice de l'appétit royal avait le sein découvert ; Louis XIII, ayant arrêté un moment sa vue sur cette indignité, enfonça son chapeau sur ses yeux et les tint baissés pendant tout le reste du dîner. Jusque-là ce n'était que de la chasteté, voici quelque chose de plus. La dernière fois que le prince pudibond but, il retint une gorgée de vin dans sa bouche, puis, visant en chasseur habile, lança cette réserve sur les appas indiscrètement exposés. La pauvre fille, dégouttante du liquide projectile, sortit toute confuse et s'évanouit dans la pièce voisine. Un écrivain jésuite, le père Barri, en rapportant cette anecdote, assure que « cette *gorge* découverte méritait bien cette *gorgée*. » Jeu de mots pitoyable, qui ne persuadera point qu'un souverain, encore même que ce ne soit pas tout à fait un homme, puisse se conduire de la sorte avec une femme.

On trouve le quatrain suivant, dans un livre fort rare, intitulé : *Procès et amples examinations sur la vie de Carême-Prenant*, et dans le *Momus Redivivus*, que j'ai déjà cités :

Fille qui fait tétin paroir,
Son corps par étroite vêture,

On se peut bien apercevoir
Que son c.. demande pature.

Claude de Pontoux, poëte et médecin, né en 1530, à Châlons-sur-Saône, n'a guère chanté que l'amour. Il nous a laissé une chanson que nous rapportons ici parce qu'elle est relative au sujet que nous traitons :

Ma petite Jeanneton
Me permet bien que je taste
Son beau col et son menton,
Et veut bien que je m'ebaste :
Mais sitôt que je me haste
De ravir le beau bouton
Qui fleurit sur son téton
Et les fraisettes jumelles,
Elle me dit en riant :
Ne touchez pas là, friand ;
C'est le joyau des pucelles.

LA PUDEUR

Pourquoi, belle Aglaé, nous faire apercevoir
Ce sein éblouissant où le regard s'attache ?
On aime le fichu qui le laisse entrevoir ;
Mais on aime encor plus la pudeur qui le
cache.

Ed. Corbière.

Charles Cotin soutient, dans les jolis vers
suivants, que c'est une précaution inutile que
de cacher les tétons.

Vous cachez votre sein, mais vous montrez vos
yeux,
Qui de tout vaincre ont le beau privilège ;
N'est-ce pas me sauver du milieu de la neige,
Pour m'exposer au feu des cieux ?

Montreuil semble épouser le parti contraire,
lorsqu'il fait le reproche suivant à sa
maîtresse :

Pourquoi me montrer votre sein,
Puisqu'un fâcheux jaloux s'oppose à mon
dessein ?
Votre bonté me tue autant qu'elle me plaît ;
Mes yeux sont trop heureux, ma bouche est
malheureuse,
Et pour mon pauvre cœur, il ne sait ce qu'il
est.

Boursault trouve que les tétons des belles sont
très-bien, quand ils ne sont ni trop cachés, ni
trop découverts. Il s'exprime ainsi dans une
lettre où il fait à Mlle de Beaumont le portrait
de sa maîtresse, qu'il nomme Climène :
« Climène a les cheveux aussi noirs que vous
les avez blonds ; et, comme vous les avez du
plus beau blond qui ait jamais été, elle les a du
plus beau noir du monde. Elle a le front assez
grand, assez élevé, pour être admirablement
beau ; et les sourcils qui sont au bas sont si
noirs, et la symétrie en est si délicate, que pour
les arranger avec tant de justesse, il semble que
la nature ait emprunté les mains de l'art. Ses

yeux ravissent la franchise, quand ils ont toute leur vivacité, et touchent l'âme, quand ils ont toute leur langueur. Son nez, qui passe pour un peu gros parmi ceux qui ne s'y connoissent pas, passe pour tout à fait beau parmi ceux qui s'y connoissent. Ses joues inspirent de l'amour, quand elles ont de la rougeur ; et, quand elles n'en ont point, elles donnent de la tendresse. C'est dommage que sa bouche soit si petite, parce qu'il en sortiroit en foule toutes les bonnes choses qui n'en sortent que l'une après l'autre, à cause des limites du passage ; et si j'osois me servir du mot précieux d'ameublement de bouche, pour dire ce que je pense de ses dents, je vous protesterois qu'il n'y en a jamais eu de plus riche que le sien. Elle a les lèvres d'une couleur fort vive, et elle ne les mord jamais. Son menton passeroit pour impertinent, s'il avoit l'audace d'être laid, et de se mêler avec toutes les beautés qui sont sur un si charmant visage. *Le point dont elle se couvre la gorge, est assez raisonnable pour*

*en laisser voir assez peu, pour ne point causer de
desirs qui blessent le respect que l'on doit à
Climène : et toutefois il en montre assez pour
donner envie de voir le reste. Tout le défaut
qu'elle a, cette gorge, c'est qu'elle est aussi dure
que son cœur.* Au reste, malgré la peine que lui
cause un amour qui la chagrine, et qui la rend
plus maigre qu'elle ne devroit l'être, elle a les
mains si belles, que je ne suis jamais si ravi que
lorsqu'elle m'en donne des soufflets, etc.,
etc. »

Marot, dans cette épigramme sur Barbe et sur
Jacquette, prétend que le sein, couvert ou non,
fait la même impression sur les cœurs.

Quand je voy Barbe, en habit bien duisant,
Qui l'estomac blanc et poly *descœuvre*,
Je la compare à maint rubis luisant,
Fort bien taillé, mis de mesmes en œuvre.
Mais quand je voy Jacquette qui se cœuvre
Le dur tetin, le corps de bonne prise,
D'un simple gris accoustrement de frise,

Adonc je dy pour la beauté d'icelle,
Ton habit gris est une cendre grise
Couvrant un feu qui tousjours estincelle.

La meilleure raison qui puisse excuser les femmes qui découvrent leur sein, c'est qu'il y a longtemps que cela se pratique ainsi ; or, une ancienne coutume passe pour une loi parmi les jurisconsultes. D'ailleurs, elles tiennent pour maxime qu'il suffit à une femme d'être chaste de la ceinture en bas. Cependant je doute fort que cette dernière raison prévalût, quand même on n'aurait pas lu ces vers sur une femme trop libre dans ses discours :

Une belle et galante dame,
Écoutant volontiers les contes un peu gras,
Disoit pour s'excuser : il suffit qu'une femme
Soit chaste seulement de la ceinture en bas.
—Oh ! oh ! dit un railleur, la maxime est commode,
Et sur un tel avis, le sexe féminin

Pourra bien amener la mode
De la ceinture d'arlequin.

Enfin, je suppose, et j'avoue si l'on veut, que
les dames ont la liberté de mettre leurs tétons
au jour pour vous proposer un autre cas. S'il
est permis de les voir, n'aurons-nous pas aussi
la permission de les toucher ? La main et la
bouche ne peuvent-elles pas avoir le même
privilège que la vue ? Vous m'allez répondre
que non : tous les amants sont cependant d'un
autre avis, hormis Scarron et fort peu d'autres.
Ce sale et burlesque auteur, dans son épître
chagrine au maréchal d'Albert, déclare que

Les *patineurs* sont très-insupportables,
Même aux beautez qui sont très-*patinables*.

Dans son *Roman comique*, il condamne encore
Ragotin, d'avoir voulu un peu patiner, et il dit
que *c'est une galanterie provinciale qui tient plus
du satyre que de l'honnête homme*. J'appelle de
ses décisions. Peut-on blâmer le procédé d'un

galant homme, qui, voyant un sein charmant, deux globes d'albâtre, voudrait, par le tact, s'assurer s'ils ont la dureté désirable, et cela uniquement pour s'instruire ? J'approuve le procédé d'un homme galant qui, après avoir patiné les tétons d'une dame, improvisa encore cette chanson par-dessus le marché :

Mort de ma vie !
En voyant ces tétons,
Belle Sylvie,
Si beaux, si blancs, si ronds ;
Pour savoir s'ils sont durs, j'ai formé le dessein
De passer mon envie,
Et d'y porter la main,
Mort de ma vie !

N'est-ce pas, en effet, une cruauté inouïe de nous mettre devant les yeux ces beaux meubles, et de nous défendre de les regarder et d'y toucher ? J'en prends le galant abbé Cotin à témoin ; écoutez-le se plaindre à sa maîtresse :

Vous me défendez d'approcher
De votre bouche sans pareille :
Votre gorge est une merveille,
Qu'on n'ose ni voir, ni toucher,
Le moins coupable des humains,
Et qui souffre le plus de peine,
C'est, ô trop aimable inhumaine,
Un amant sans yeux et sans mains.

C'est, hélas ! nous faire éprouver l'affreux supplice de Tantale ; c'est nous condamner à la mort de Moyse, qui expira en voyant la terre promise, et qui n'y put entrer. Un autre poëte qui n'avait pu commander à ses mains, se justifia de cette distraction, avec beaucoup d'esprit, par la pièce suivante :

Je suis un imprudent, un sot, un téméraire,
Je n'ai point de raison, j'ai l'esprit mal tourné ;
Je n'ai pour tout talent que celui de déplaire ;
Indigne de vous voir, digne d'être berné.

Voilà, Philis, les épithètes
Que je reçois de vous, en l'humeur où vous
êtes ;
Et de tout ce courroux vous avez pour raison,
Que ma main a voulu toucher votre téton.

C'est trop punir, Philis, une main criminelle :
Que nous sommes, hélas ! bien différens
d'humeur !
Pour toucher votre sein vous me faites
querelle,
Moi, je ne vous dis rien d'avoir touché mon
cœur !

Si, par hasard, la main s'égare dans le
transport que fait naître une gorge rivale de
celle de Léda ou d'Hébé, après que l'on a fait
le serment d'être circonspect, croyez-vous que
ce parjure soit irrémissible ? Non, sans doute ;
ces sermens ne lient pas ; je suis persuadé que
Jupiter a absous l'amant qui va parler :

« Je promets tous les jours de ne jamais toucher
Les neiges du beau sein dont l'amour me consume,
Mais je ne saurais m'empêcher
De suivre une si douce et si belle coutume.
Cruels devoirs ! injustes ennemis !
Pensez-vous qu'Amarante ignore
Qu'amour, comme un enfant qui n'a pas l'âge encore,
Doit être dispensé de ce qu'il a promis ? »

« *Jupiter è coelo perjuria ridet amantum.* »

Je sais bon gré à Boursault d'être pour les patineurs.

« Ah ! juste Dieu, dit-il à M. Charpentier, que la maîtresse à qui je ne suis que par votre moyen est vertueuse ! Pour lui avoir aujourd'hui baisé deux ou trois fois la main, elle m'a vigoureusement querellé ; voyez ce qui m'arriveroit, si je faisois pis. Je n'ai osé lui dire que je ne faisois l'amour que pour *baiser*, et que j'aimerais autant être amoureux *ad honores*, que de ne pas faire les fonctions requises à la qualité que ses yeux m'ont contraint de prendre. Je croyois, en vérité, qu'étant amant déclaré d'une fille, c'en étoit être plus d'à moitié le mari, et qu'on faisoit toujours quelques pas du côté de l'amour défendu, avant que d'en venir à l'amour permis. A vous dire le vrai, je me lasse d'être amant, s'il n'y a que cela à faire. Il est juste, si j'ai la discrétion de ne rien demander à la belle, qui lui coûte quelque chose, qu'elle ait la complaisance de me laisser prendre ce qui ne lui coûte rien. La charmante Clotilde, que vous connoissez pour avoir autant de vertu que fille du monde, en use d'une façon bien plus galante. Quand, lundi, je revins de la campagne, après deux baisers qu'elle reçut aussi goulûment que je les lui donnois, son fichu qui vint à tomber, m'ayant obligé de couvrir sa gorge de mes deux mains, de peur que d'autres ne la vissent, elle m'en remercia le plus civilement qu'il lui fut possible, et me demanda si je n'avois besoin que de cela. Il n'y a rien qui satisfasse tant, ni qui revienne à si peu de frais. »

« Si vous mettez la main au devant d'une fillette, elle la repoussera vite, et dira : laissez cela. Quand je dis le devant, je l'entends comme faisoit monsieur le feu premier médecin, qui ayant tâtonné l'estomac d'une belle demoiselle couchée et un peu malade, coule sa main plus bas, et, venant à l'intersection du corps, s'y avançoit, quand elle lui dit : « Hé ! monsieur, que pensez-vous faire ?—Mademoiselle, je croyois que vous fussiez comme les vaches de notre pays ; que vous eussiez les tetins entre les jambes. »

Moyen de parvenir, ch. IX.

De tout temps le clergé s'escrima en termes plus ou moins crus sur l'indécence de la toilette des femmes. Vers 1700, la duchesse de Bourgogne (Marie-Adélaïde de Savoie) devait tenir un enfant avec *Monseigneur* ; mais au moment de procéder à la cérémonie, l'officiant ne trouva pas que la marraine, qui avait une robe de chasse, se présentât à l'église en *habit décent*, et le baptême fut remis. Or, veut-on savoir ce qu'on appelle à la cour l'*habit décent* ? Il consiste à se montrer avec la gorge et les épaules entièrement découvertes, la chute des reins bien marquée, les bras nus jusqu'au coude, et un pied de rouge sur le visage. L'habit de chasse cache toutes ces nudités, et les dames le portent sans rouge.... Cependant le curé appelle ce costume *indécent*.... Il n'y a que manière de s'entendre sur les mots.

On trouve dans les *Chroniques de l'Oeil de Bœuf*, à l'année 1711, le passage suivant :

« La morale donna le jour de l'an des étrennes de sa façon aux dames de Paris ; c'est un ouvrage en 2 volumes in-12, intitulé : *De l'abus des nudités de gorge.* Je n'aurais jamais cru qu'on pût en écrire si long sur une telle matière ; mais elle s'est étendue sous la main de l'auteur. Chaque tentation que cet usage immodeste peut faire naître est traitée dans un chapitre à part, où se déroule une longue énumération de conséquences dont la moindre entraîne le péché mortel ; on peut juger des autres. Il faut convenir que les femmes de notre époque accusent le nu d'une manière toute lacédémonienne ; point de refuge pour les regards dévots, vainement leur chaste prunelle semble-t-elle dire :

« Ah ! cachez-moi ce sein, que je ne saurais voir »,

on persiste à le leur montrer : ici, c'est une robe sans ceinture, telle qu'on la met en sautant du lit ; là, c'est une gorge débordant du corset complaisant ; plus loin, ce sont des bras et des épaules dont la nudité se réunit à celle des poitrines pour assaillir les continences ecclésiastiques. Forcé dans les derniers retranchements de sa pudeur sacrée, le curé de Saint-Étienne-du-Mont s'écriait l'autre jour en chaire :

« Pourquoi, mesdames, ne pas vous couvrir en notre présence ; sachez que nous sommes de chair et d'os comme les autres hommes ! »

L'auditoire s'étant mis à rire, le prédicateur ajouta : « Quand on vous parle à mots couverts, vous faites la sourde oreille ; quand on vous parle en termes clairs, vous riez : comment donc vous prendre ?

« Vous verrez qu'il faudra que le roi envoie ses mousquetaires par la ville, matin et soir, afin de faire rentrer nos coquettes dans le devoir, et les gorges dans les corsets. »

Les robes des femmes, longues dans les premiers siècles de la monarchie, se raccourcirent sous Philippe de Valois, et restèrent très-fermées jusqu'à Charles VI, et serrées de manière à dessiner les formes de la taille. Alors seulement les femmes commencèrent à se découvrir les bras, la gorge et les épaules, et comme la pente est rapide dans le relâchement des mœurs, elles renouvelèrent sous Charles VII l'antique usage des bracelets et des colliers.

La cour décente et sévère d'Anne de Bretagne arrêta un moment le torrent de ce luxe ; mais celles de Charles IX et surtout de Henri III, trop fameux par ses goûts honteux, hâtèrent le débordement ; Henri IV, quoique très-galant, s'y opposa vainement. François 1er vint y mettre le comble en favorisant le luxe et la galanterie, et prêchant lui-même d'exemple. La cour de Louis XIV acheva ce que ses prédécesseurs avaient si bien commencé ; l'opulence et la volupté y régnèrent souverainement. Nous avons dit plus haut ce qu'on entendait dans cette cour débauchée par *habit décent*.

Nous ne pouvons terminer ce chapitre sans parler de cette fameuse secte qui se forma en Hollande et dont Bayle, dans son *Dictionnaire critique*, au mot *Mammillaires*, nous instruit fort amplement. Voici, sans y rien changer, cet article qui trouve ici naturellement sa place :

MAMMILLAIRES, secte parmi les anabaptistes. On ne sait pas bien le temps où ce nouveau schisme se forma ; mais on donne la ville de Harlem pour le lieu natal de cette subdivision. Elle doit son origine à la liberté qu'un jeune homme se donna de mettre la main au sein d'une fille qu'il aimait, et qu'il voulait épouser. Cet attouchement parvint à la connaissance de l'Église, et là-dessus on délibéra sur les peines que le délinquant devait souffrir ; les uns soutinrent qu'il devait être excommunié, les autres dirent que sa faute méritait grâce, et ne voulurent jamais consentir à son excommunication. La dispute s'échauffa de telle sorte qu'il se forma une rupture totale entre les tenans. Ceux qui avaient témoigné de l'indulgence pour le jeune homme furent nommés Mammillaires.[7] En un certain sens, cela fait honneur aux anabaptistes ; car c'est une preuve qu'ils portent la sévérité de la morale beaucoup plus loin que ceux que l'on nomme rigoristes dans les Pays-Bas.[8] Je rapporterai à ce propos un certain conte que l'on fait du sieur Labadie.

---

[7] Il n'est pas besoin de faire ici l'étymologiste. Tous ceux qui entendent le François savent que le mot *mamelle*, qui n'est plus du bel usage, signifie la même chose que *teton*.

[8] Les Casuistes les plus relâchez, les Sanchez et les Escobars, condamnent l'attouchement des tétons : ils conviennent que c'est une impureté et une branche de la luxure, l'un des sept péchez mortels. Mais si je ne me trompe, ils n'imposent pas au coupable une pénitence fort sévère : et il y a plusieurs païs dans l'Europe où ils sont presque contraints de traiter cela comme les petites

« Tous ceux qui ont ouï parler de ce personnage savent qu'il recommandait à ses dévots et à ses dévotes quelques exercices spirituels, et qu'il les dressait au recueillement

---

fautes que l'on appelle *quotidianæ incursiones*. On est si accoûtumé à cette mauvaise pratique dans ces pays-là, et c'est un spectacle si ordinaire jusques au milieu des rues, à l'égard surtout du commun peuple, que les casuistes mitigés se persuadent que cette habitude efface la moitié du crime : ils croient qu'on ne l'envisage point sous l'idée d'une liberté fort malhonnête, et que le scandale du spectateur est très-petit. C'est pourquoi ils passent légèrement sur cet article de la confession. Je ne pense pas que jamais aucun rigoriste ait différé pour un tel sujet l'absolution de son pénitent, non pas même dans les climats où cette espèce de patinage est peu usitée, et passe pour une de ces libertés dont les personnes de l'autre sexe sont obligées de se fâcher tout de bon. Ainsi les anabaptistes sont les plus rigides de tous les moralistes chrétiens, puisqu'ils condamnent à l'excommunication celui qui touche le sein d'une maîtresse qu'il veut épouser, et qu'ils rompent la communion ecclésiastique avec ceux qui ne veulent pas excommunier un tel galant. (*Notes de Bayle.*)

intérieur et à l'oraison mentale. On dit qu'ayant marqué à l'une de ses dévotes un point de méditation, et lui ayant fort recommandé de s'appliquer tout entière pendant quelques heures à ce grand objet, il s'approcha d'elle lors qu'il la crut la plus recueillie, et lui mit la main au sein. Elle le repoussa brusquement, et lui témoigna beaucoup de surprise de ce procédé, et se préparait à lui faire des censures, lorsqu'il la prévint : « Je vois bien, ma fille, lui dit-il sans être déconcerté, et avec un air dévot, que vous êtes encore bien éloignée de la perfection : reconnoissez humblement vôtre foiblesse ; demandez pardon à Dieu d'avoir été si peu attentive aux mystères que vous deviez méditer. Si vous y aviez apporté toute l'attention nécessaire, vous ne vous fussiez pas aperçue de ce qu'on faisoit à votre gorge. Mais vous étiez si peu détachée des sens, si peu concentrée avec la Divinité, que vous n'avez pas été un moment à reconnoître que je vous touchois. Je voulois éprouver si votre ferveur dans l'oraison vous élevoit au-dessus de la matière, et vous unissoit au Souverain-Être, la vive source de l'immortalité et de la spiritualité, et je vois avec beaucoup de douleur que vos progrès sont très-petits ; vous n'allez que terre à terre. Que cela vous donne de la confusion, ma fille, et vous porte à mieux remplir désormais les saints devoirs de la prière mentale. » On dit que la fille, ayant autant de bon sens que de vertu, ne fut pas moins indignée de ces paroles que de l'action de Labadie, et qu'elle ne voulut plus ouïr parler d'un tel directeur. Je ne garantis point la certitude de tous ces faits, je me contente d'assurer qu'il y a beaucoup d'apparence que quelques-uns de ces dévots si spirituels, qui font espérer qu'une forte méditation ravira l'âme et l'empêchera de s'apercevoir des actions du corps, se proposent de patiner impunément leurs dévotes, et de faire encore pis. C'est de quoi l'on accuse les Molinosistes.

En général, il n'y a rien de plus dangereux pour l'esprit que les dévotions trop mystiques et trop quintessenciées, et sans doute le corps y court quelques risques, et plusieurs y veulent bien être trompés.

« J'ai ouï dire que des gens d'esprit soutinrent un jour dans une conversation qu'il n'y aura jamais de *Basiaires*, ou d'*Osculaires*, entre les Anabaptistes. Ce seraient des gens qu'on retrancherait de sa communion, parce qu'ils n'auroient pas voulu consentir que l'on excommuniât ceux qui donnent des baisers à leurs maîtresses. Or voici le fondement de ceux qui nioient qu'on puisse attendre un tel schisme. Il n'est pas possible, disoient-ils, qu'au cas qu'il y eût des casuistes assez sévères pour vouloir que l'excommunication fût la peine d'un baiser, comme il s'en est trouvé d'assez rigides pour vouloir faire subir cette pénitence à celui qui avoit touché les tétons de sa maîtresse. Ces deux cas ne sont point pareils. Les lois de la galanterie de certains peuples, continuoient-ils, ont établi de génération en génération, et surtout parmi les personnes du Tiers-État, que les baisers soient presque la première faveur, et que l'attouchement des tétons soit presque la dernière, ou la pénultième. Quand on est élevé sous de tels principes, on ne croit faire, on ne croit souffrir que peu de chose par des baisers, et l'on croit faire ou souffrir beaucoup par le maniement du sein. Ainsi, quoique les administrateurs des lois canoniques ayent fort crié contre le jeune homme qui fut protégé par les Mammillaires, il ne s'en suit pas qu'ils crieroient contre l'autre espèce de galanterie. Ils deféreroient à l'usage, ils pardonneroient des libertés qui ne passent que pour les premiers élémens ou pour l'alphabet des civilités caressantes. Je ne rapporte ces choses que pour faire voir qu'il n'y a point de matière sur quoi la conversation des personnes de mérite ne descende quelquefois. Il n'est pas inutile de faire connoître cette foiblesse des gens d'esprit. En conscience, une telle spéculation méritoit-elle d'être examinée ? Et, après tout, n'eût-il pas bien mieux valu ne point répondre décisivement de l'avenir ? *De futuro contingenti non est quoad nos determinata veritas*, disent judicieusement les maîtres dans les écoles de philosophie.

« Notez en passant qu'il y a eu des pays où l'on supposoit que le premier baiser qu'une fille recevoit de son galant était celui des fiançailles. Voici ce qu'on lit dans l'*Histoire de Marseille* : « Le fiancé donnoit ordinairement un anneau à la fiancée le jour des fiançailles, et lui faisoit encore quelque présent considérable en reconnoissance du baiser qu'il lui donnoit. En effet, Fulco, vicomte de Marseille, fit donation, l'an 1005, à Odile, sa fiancée, pour le premier baiser, de tout le domaine qu'il avoit aux terres de Sixfours, de Cireste, de Soliers, de Cuge et d'Olieres. Cet usage étoit fondé à ce que j'estime sur la loi *Si à sponso*, qui ordonnoit que lorsque le mariage n'avoit pas son effet, la fiancée gagnoit la moitié des présens qu'elle avoit reçus du fiancé, car les anciens croioient que la pureté d'une fille étoit flétrie par un seul baiser, mais cette loi est présentement abrogée en ce royaume. »

CHAPITRE IV

DU LANGAGE DES TÉTONS

Tous les êtres créés ont un langage, depuis les roseaux du barbier de Midas, jusqu'aux hydrophobes auteurs des plates brochures qui inondent cette capitale.

Le père Bougeant s'est immortalisé par son charmant ouvrage *Sur le langage des bêtes*, qui a été traduit en italien. Les yeux ont une rhétorique connue de tout le monde. Les mains ont leur idiome ; les pieds des amans font merveille dans leur mystérieux quatuor sous la table ; les genoux s'en mêlent aussi ; les fleurs parlent en Asie ; et les cœurs, les cœurs ! on sait combien ils sont éloquens, bavards et tyrans. J'en dirais long sur ce chapitre, et l'ami Boufflers, qui a dit de si jolies choses sur le *cœur*, embellirait bien mon texte. Doit-on être surpris, d'après cela, que les tétons aient aussi reçu de la nature un organe expressif, et des moyens oratoires ? Non, sans doute ; ils ont une langue, et Le Pays est mon autorité, dans le récit d'un songe qu'il fit sur deux beaux tétons. Il écrit à une dame de ses amies :

« Je n'ai point dormi cette nuit, Madame, ou du moins, le songe que j'ai fait occupoit si sensiblement mon esprit, que j'ai cru veiller en fort bonne compagnie. J'ai cru avoir toujours auprès de moi les deux tétons de Madonte, et les voir avec ce même éclat qui me surprit hier au soir quand votre main obligeante les délivra de la prison qui les enfermoit. Vous pouvez bien croire, Madame, que je n'ai pas gardé le silence dans une si belle occasion de parler : mais, pourrez-vous croire que ces jolis tétons m'ont aussi parlé, et que notre conversation a été fort agréable ? Que ceci ne vous surprenne point, les tétons ont, pour ceux qui les entendent, leur langage, aussi bien que les yeux. Comme je les ai trouvez en humeur de causer, j'ai eu la curiosité de leur faire cent questions sur leurs aventures, auxquelles ils m'ont répondu le plus galamment du monde. J'aurois bien envie de vous redire ici tout notre entretien, mais il sera plus aisé de vous l'écrire. Voici pourtant quelques-unes de leurs paroles que j'ai impatience de vous apprendre, parce qu'elles m'ont semblé les plus jolies. C'est la réponse qu'ils m'ont faite sur l'étonnement que je leur ai témoigné qu'ils fussent ainsi séparez, et qu'ayant l'un avec l'autre tant de rapport, ils vécussent en mauvais voisins, sans s'approcher, sans se baiser, enfin comme des ennemis irréconciliables. Il est vrai, m'ont-ils dit, nous sommes ennemis, et la ressemblance ne fait point chez nous ce qu'elle fait partout ailleurs. Elle nous oblige à nous haïr ; et notre réciproque jalousie nous tiendra toujours éloignez. Quoique nous n'ayons qu'un même cœur et qu'un même intérêt, nous n'avons aucune disposition à nous unir. L'Amour, qui est un petit boute-feu, nourrit entre nous cette division. Il nous promet de nous aimer tous deux pendant que nous nous haïrons, et jure de nous quitter aussitôt que notre haine cessera. Mais, de bonne foi, aimables tétons, ai-je répliqué, ne seriez-vous point comme quelques-uns de vos frères, qui jamais ne se touchent le jour, et qui se baisent pendant toute la nuit ; qui ont inclination à s'approcher, et qui ne vivent éloignez que par contrainte ? Vous serez étonnée, Madame, que j'aye osé leur parler d'une manière si désobligeante, mais sachez que ce n'a été que par adresse. Car quoique je n'eusse point de pareils sentimens, je voulois les obliger à m'ôter le doute que je témoignois, en souffrant que mes doigts fussent avec mes yeux témoins de leur division. Ma ruse a réussi comme je l'avois désiré ; les deux tétons de

Madonte s'étant un peu enflez de colère et d'orgueil, à cause de mon injuste soupçon, ont consenti que je fisse l'épreuve que je souhaitois, et cette épreuve a d'abord fait sentir à mes mains la vérité qui avait paru à mes yeux.

Après cela, je ne me suis plus étonné qu'ils eussent tant de disposition à la haine ; car j'ai trouvé tant de dureté dans l'un et dans l'autre, qu'il n'y a pas apparence que rien les puisse jamais attendrir. Au reste, Madame, je gage que votre belle parente ne sait rien de ce qu'ont fait chez moi ses tétons. J'ai appris d'eux-mêmes qu'ils font bien d'autres choses, sans son congé ; ils m'ont dit que lorsqu'elle y pense le moins, ils se divertissent à prendre des cœurs, partout où ils trouvent des yeux, et que c'est leur passe-temps le plus ordinaire. Ils m'ont dit même que quand ils ont pris quelqu'un, et que Madonte s'en apperçoit, elle le traite aussi cruellement que si sa prise l'avoit offensée. Elle l'insulte, dans son esclavage, elle ne lui donne aucun secours, et prend plaisir à le voir mourir de langueur. »

Ce Le Pays était un très-rude patineur. Sa Caliste lui avait promis de l'aller voir, dans le tems qu'une cruelle fièvre le travailloit et l'avait mis dans un état pitoyable. Il lui fait premièrement le portrait de son visage de cette sorte :

« Pour ma mine, vous ne vîtes jamais rien de si étrange : mes yeux sont devenus plus grands que tout le reste de mon visage, et il vous sera facile, s'il vous en prend fantaisie, de compter mes dents au travers de la peau de mes joues. Il ne faudra pas vous étonner, si je vous fais froide mine ; je la fais à tout le monde, et me la fais à moi-même, quand je me regarde au miroir. Quelqu'envie que j'aye de vous plaire, je ne pourrai point m'empêcher de vous faire laide grimace. » Il ajoute ensuite :

« Ce qu'il y a de bon, Caliste, c'est que mes mains, dont vous vous êtes plainte tant de fois, ne vous donneront aucun sujet de me quereller. Je vous jure qu'en l'humeur où je suis, les tétons de la belle Hélène, qui assurément devoient être des plus beaux, puisqu'ils firent tant jouer des mains les Troyens et les Grecs, ne me feroient pas présentement tirer les miennes de dessous ma fourrure. Jugez, par là, si vous auriez à craindre du reste, et si vous ne vous en irez pas de chez moi sans avoir crié contre mes emportemens ! »

Marot avait le même défaut que Le Pays, et ne laissait échapper aucune occasion de mettre ses yeux au bout de ses doigts. Il aurait bien souhaité, un jour des Innocents, de savoir où était le lit de sa belle, pour la faire passer par l'étamine. N'en pouvant venir à bout, il se contenta de lui écrire ces vers :

Très-chère sœur si je savois où couche
Vostre personne au jour des innocens,
De bon matin j'irais à vostre couche.
Voir ce gent corps que j'ayme entre cinq cens :
Adonc, ma main (veu l'ardeur que je sens),
Ne se pourrait bonnement contenter,
Sans vous toucher, tenir, tâter, tenter ;
Et si quelqu'un survenoit d'adventure,
Semblant ferois de vous innocenter :
Seroit-ce pas honneste couverture ?

Après tout, si ce qu'on vient d'alléguer, n'engage point les belles à laisser aux amans les coudées franches et les mains libres, il n'en est pas moins vrai que toutes n'ont pas cette austérité. La Corine du tendre Ovide ne faisait pas tant la renchérie. Elle alla un jour trouver ce poëte dans un équipage très-galant, et dans ce désordre voluptueux qui favorise et provoque si bien la liberté des mains : Ovide lui-même nous l'apprend dans une de ses élégies amoureuses :

Le chaud que le midi fait naître sur la terre,
Aux plaisirs d'exercice avoit livré la guerre :
Quand je m'allai jeter tout fatigué, tout las,
Sur un lit de repos qui ne m'en servit pas.
J'attendois la Beauté dont mon âme est
charmée.
Ma fenêtre n'étoit ouverte, ni fermée,
Et ces deux changements se cédant tour-à-
tour,
Laissoient voir un combat de la nuit et du
jour.
L'on voit dans les forêts de ces sombres
lumières,
Qui ne sont ni clartez, ni ténèbres entières,
Et tels sont du soleil les timides flambeaux,
Lorsqu'il vient sur la terre, ou qu'il va sous les
eaux.
Tel est le tems obscur qu'il faut donner aux
dames ;
De peur que la clarté ne trahisse leurs flâmes.
L'Amour est un enfant qu'on nous a peint
sans yeux,

Et ce dieu veut toujours être aveugle en ses
jeux.
Après quelques momens, je vis entrer Corine ;
Sous l'habit du plaisir, qu'elle avoit bonne
mine !
Un voile transparent, de ses rares beautés
Dans un léger nuage étouffoit les clartés.
Il faisoit à ma vue entière violence,
Sans sauver mes desirs de leur impatience :
Et ses cheveux, poussés d'un mouvement
jaloux,
Cachoient toute sa gorge à mes transports si
doux.
Corine valoit bien qu'ils me fissent querelle.
Jamais Sémiramis n'avoit paru si belle ;
Et ceux qui de Laïs chantèrent les attraits,
N'avoient, pour les toucher, formé tant de
souhaits.
Le linge me déplut, quoiqu'assez favorable ;
J'en fis avec Corine un combat agréable,
Sa main vint au secours ; mais je lus dans ses
yeux,

Que son cœur et sa main se trahissoient
entr'eux.
Sa vertu vouloit faire une honnête retraite,
Ses efforts languissans demandoient sa défaite
Et je vis peu d'obstacles en ce plaisir égal
A vaincre un ennemi qui se défendoit mal.
Quand son voile en tombant la laissa toute
nue,
Jamais rien de si beau ne s'offrit à ma vue.
La nature sans art fait honte aux ornemens,
Jamais de si beaux bras n'unirent deux amans.
Jamais de deux couleurs gorge si bien mêlée
Ne fut par les baisers doucement accablée.
Et jamais les voisins de ce qu'on ne dit pas,
N'étalèrent aux yeux de si charmans appas.
Je regardai longtems, mais en pareil mystère,
L'on ne peut pas toujours regarder sans rien
faire.
Je fis donc ce qu'on fait loin des regards
fâcheux,
Et lorsque des amants le veulent bien tous
deux.

Quand j'eus fait mon devoir, en homme de
courage,
Corine pour dormir me prêta son visage :
Je pris un doux repos sur ce lit de corail,
Mais certes le repos ne vaut pas le travail,
Grands Dieux ! qui me voyez peut-être avec
envie ;
Laissez-moi me choisir les plaisirs de la vie.
Je renonce au sommeil, et le milieu du jour,
Comme il est le plus chaud, est plus propre à
l'amour.

O femmes auxquelles il est si difficile
d'échapper aux moyens de séductions
multipliées contre vous, je pense que la mode
que vous avez établie de nous découvrir
gratuitement ce que vous avez de plus beau,
est un excellent moyen de diminuer nos désirs
par l'habitude de voir, et par la satiété ; mais
si, dans le tête-à-tête, vous voulez conserver
toute votre raison, et ne point donner de
droits sur vous, en faisant un ingrat ou un
inconstant, n'oubliez pas de défendre les jeux

de mains, dont les conséquences sont funestes à la vertu ; retenez bien le sens de ces vers, que vous vous ferez expliquer avant de rien permettre, et vous me remercierez :

Post visum, risus, post risum, venit ad usum :
Post usum tactus : post tactum, venit ad actum.
Post actum, fructus : post fructum, poenitet
actum.

Toutes les gradations de l'audace sont expliquées dans le distique suivant, et toute la tactique de l'amour y est développée :

Visus et alloquium : tactus, post oscula, factum :
Ni fugias tactus, vix evitabitur actus.

La chair est faible, l'esprit est prompt. La pudeur a contre elle cinq ennemis terribles, désignés ci-dessus, c'est-à-dire la vue, l'entretien, le toucher, le baiser et le fait. Si vous n'évitez pas le toucher, vous n'éviterez

pas le fait. Un amant qui a obtenu un baiser,
est un sot s'il reste en chemin ; songez-y.

Oscula qui sumpsit, si non et coetera sumpsit,
Hæc quoque quae data sunt, perdere dignus erit.

CHAPITRE V

DES LAIDS TÉTONS

Il est possible que ce chapitre ne plaise pas à toutes les femmes ; mais sera-ce leur faute ? sera-ce la nôtre ? N'y en aura-t-il pas beaucoup qui voudront en appeler de notre jugement ? Nous touchons la corde sensible, et nous sommes de plus en plus effrayés des précautions à prendre pour ménager l'amour-propre. Comment un sein doit-il être, pour être laid ? Voyons ce qu'en ont dit les différents auteurs qui ont traité cette belle matière. C'est à présent que je sens tout ce qu'a de pénible l'emploi d'historiographe des tétons ; que ne puis-je sauter à pied-joints sur ce maudit chapitre ! Pourquoi ne marche-t-on pas toujours sur des

fleurs dans cette vie ? Pourquoi ? pourquoi ?...
Eh, mon Dieu ! tous ces pourquoi-là
allongeraient mon chapitre ; hâtons-nous de
glisser sur les difficultés, courons dans une
mauvaise route, pour nous reposer et nous
rafraîchir, quand nous serons arrivés à son
terme.

Je compte d'abord pour laids tétons, ceux
d'une taille énorme, par exemple, ceux de Mme
de Bouillon, du *Roman comique, qui en avait
la valeur de vingt livres distribuées à poids égaux
sous chaque aisselle.*

Ceux de Paquette, à qui Le Pays dit : « *Pour
votre gorge et vos tétons, ils ne sont pas blancs ;
mais, certes, il y a de la chair et si les tétons
s'achetoient à la livre, vous pourriez vous vanter
d'être plus riche que votre maîtresse.* »

Le *Poëte sans fard* drape compétemment une
femme, qui avait des tétons aussi gros que des
pis de vache. Il lui dit :

Philis, tu demandes pourquoi
Je ne sens point d'amour pour toi ?
La raison est, que tes mamelles
Te vont jusques sous les aisselles ;
Que ton nez est des plus punais,
Et que ta bouche sent mauvais !
Je crois d'ailleurs, ô vieille vache !
Puisqu'enfin tu le veux savoir,
Que tout ce que l'habit me cache
Est encor plus vilain que ce qu'il laisse voir.

Je mets encore au nombre des tétons dégoûtants, ceux qui ressemblent à la suie, comme ceux de Tisiphone : Despréaux, dans son *Dialogue des morts*, fait ainsi faire à Sapho, l'un des personnages du *Grand Cyrus*,[9] le

---

[9] Boileau en a fait une maligne application à Mlle de Scudéri même, l'auteur de ce roman, à laquelle tous les auteurs d'alors donnaient le nom de Sapho. Le poëte Le Brun nous retrace les écarts de Boileau, dans ses vers

portrait de cette blonde du royaume de Pluton :

« Vous croyez que je ne connois pas Tisiphone ; c'est une de mes meilleures amies. Vous ne serez peut-être pas fâché que je vous en fasse le portrait. L'illustre fille dont j'ai à vous parler, a quelque chose de *si furieusement* beau, elle est si terriblement agréable, que je suis *épouvantablement* empêchée, quand il vous en faut faire la description. Elle a les yeux vifs et perçans, petits, bordés d'un certain incarnat qui en relève *étrangement* l'éclat. Comme elle est naturellement propre, est-elle aussi naturellement négligée ; et cette négligence fait qu'on peut voir souvent sa gorge, qui est toute semblable à celle d'une

---

contre la citoyenne Th... P..., auteur de *Sapho* et de *Camille*, et autres femmes auteurs.

Amazone, à la réserve que les Amazones n'avaient qu'une mamelle brûlée, et que l'aimable Tisiphone les a toutes deux. Ses cheveux sont longs et annelez, et semblent autant de serpenteaux qui se jouent autour de sa tête, et qui se viennent jouer sur son visage. »

De plus, je trouve laids des tétons, quoique beaux, quand la personne qui en est pourvue est trop coquette, ou plutôt impudique. Ce caractère efface toutes les beautés qu'elle pourrait avoir. Telle était la Macette, à laquelle le satyrique Regnier, plutôt par ironie que sérieusement, donne des éloges plaisants, quand il lui dit, pour la louer, que ses cheveux sont aussi dorés qu'une orange, plus frisés qu'un chardon ; que le soleil n'est auprès du brillant de ses yeux, qu'un cierge de la Chandeleur, et que sa mine de poupée prend les esprits à la pipée et les appétits à la glu. Ensuite, lui parlant de ses tétons qui ne marquent que de la lascivité, il s'exprime ainsi :

Les Grâces, d'amour échauffées,
Nud-pieds, sans juppes, décoiffées,
Se tiennent toutes par la main,
Et d'une façon sadinette
Se branlant à l'escarpolette,
Sur les ondes de votre sein.

Outre cela, je déclare que des tétons me paraissent laids, quelque bien tournés qu'ils puissent être, quand le sexe les fait servir de prétexte pour être infidèle. Une Cloris dit à une Philis, dans Regnier que je viens de citer :

La foi n'est plus aux cœurs qu'une chimère vaine,
Tu dois, sans t'arrêter à la fidélité,
Te servir des amans comme des fleurs d'été,
Qui ne plaisent aux yeux qu'étant toutes nouvelles :
Nous avons de nature au sein doubles

mamelles,
Deux oreilles, deux yeux et divers sentimens,
Comment ne pourrions-nous avoir divers
amans ?
Je connois mainte femme à qui tout est de
mise,
Qui changent plus souvent d'amant que de
chemise.

Pour voir la laideur d'un téton dans toute son
étendue, on n'a qu'à lire l'épigramme que
voici, faite par Marot, sur le laid tétin :

Tetin qui n'a rien que la peau,
Tetin fine, tetin de drapeau,
Grand'tetine, longue tetasse,
Tetin, doy-je dire bezace ;
Tetin au grand vilain bout noir,
Comme celui d'un entonnoir.
Tetin qui brimballe à tous coups
Sans estre esbranlé, ne secous,
Bien se peut vanter qui te taste,
D'avoir mis la main à la paste.

Tetin grillé, tetin pendant,
Tetin flestry, tetin rendant
Vilaine bourbe en lieu de laict,
Le diable te fit bien si laid.

Tetin pour tripe reputé,
Tetin, ce cuide-je, emprunté
Ou desrobbé en quelque sorte,
De quelque vieille chevre morte,
Tetin propre pour en enfer
Nourrir l'enfant de Lucifer.

Tetin boyau long d'une gaule,
Tetasse à jetter sur l'espaule,
Pour faire (tout bien compassé)
Un chaperon du temps passé,
Quand on te void, il vient à maints
Une envie dedans les mains,
De te prendre avec les gants doubles,
Pour en donner cinq ou six couples
De souflets sur le nez de celle
Qui te cache sous son aisselle.

Va, grand vilain tetin puant,
Tu fournirois bien en suant
De civettes et de parfums
Pour faire cent mille defuncts.
Tetin de laideur despiteuse,
Tetin, dont nature est honteuse,
Tetin des vilains le plus brave,
Tetin, dont le bout toujours bave,
Tetin fait de poix et de glus :
Bran, ma plume, n'en parlez plus,
Laissez-le là, ventre Saint-George,
Vous me feriez rendre ma gorge.

Bon Dieu ! le vilain objet !... hélas ! le suivant,
peint par Benserade, n'est pas plus gracieux ;
pourquoi des poëtes se plaisent-ils ainsi à
tremper leurs plumes dans l'ordure ? c'est qu'il
faut des ombres aux tableaux.

Pendantes et longues mamelles,
Où les perles et l'oripeau,
N'imposent à pas un chapeau ;
Molles et tremblantes jumelles.

141

Tetasses de grosses femelles,
A couvrir d'un épais drapeau,
Peau bouffie et rude, moins peau
Que cuir à faire des semelles,
De vieille vache aride pis :
Que ne puis-je dire encor pis
D'un sein qui tombe en pourriture !
Sein d'où s'exhale par les airs,
Un air qui corrompt la nature ;
Sein propre à nourrir des cancers.

Clément Marot et Benserade ne sont pas les seuls qui se soient occupés de décrire les vilains tétons ; Rabelais, dans son épître à une vieille, Motin, Regnier, Sygognes, Maynard, se sont plu à nous détailler ces horreurs.

Maynard passant en revue tout le corps d'une vieille ridée, arrivé à ses tétons, s'écrie :

Vos tetins, dont la peau craquette
Comme laurier qu'au feu l'on jette,
A toucher ne sont point plus doux

Que le dessus d'un vieux registre,
Et comme un bissoc de belistre,
Ils vous tombent sur les genoux.

Un peu plus loin, Sygogne, dans sa satyre
contre une vieille sorcière, dit :

Vostre estomach faict en estrille
Pourroit encor servir de grille,
Vos flancs de herse on de rateau,
Et de vos pendantes mamelles
Un bissac ou des escarcelles
Pour mettre l'argent du bordeau.

En voilà assez sur ce sujet peu ragoûtant ; nous
renvoyons les lecteurs amoureux de ces sortes
d'écrits, au *Cabinet satyrique* ; ils trouveront
là-dedans de quoi se satisfaire.

Les tétons sont la dernière beauté qui vient au
sexe, et la première qui est confisquée : il est
peu de ces femmes privilégiées qui les
conservent comme Ninon et Gabrielle B....

C'est pour cela qu'elles en ont un soin tout particulier, et qu'elles confient leurs enfants au sein mercenaire des nourrices.

Malgré cela, vingt ans de mariage gâtent les tétons les mieux faits. Ils ne sont pas non plus à l'épreuve de la vieillesse. Comme elle ternit le teint le plus vif, qu'elle éteint les yeux les plus brillants, elle amollit les tétons les plus rebondis. C'est ce que nous apprennent ces stances contre une dame qui avait vieilli à la cour, et qui se voulait marier :

Quoi ! vous vous mariez ! douce et tendre mignonne,
Et ne l'avez encore été !
Je ne vois rien du tout dessus votre personne,
Qui ne prêche la chasteté.

Pour de l'âge, on sait bien que vous n'en manquez guère,
Votre visage étant garant
Que ce qu'on fait pour vous, se pouvoit fort

bien faire
Du règne de Henri-le-Grand.

Vous éloignant d'ici, les beautés de la reine
Ont purgé ce noble séjour :
De même qu'un torrent, votre sortie entraîne
Toute l'ordure de la Cour.

Celui qui vous épouse, en témoignant sa
flamme,
N'établit pas mal son renom :
Qui s'est bien pu résoudre à vous prendre
pour femme,
Ira bien aux coups de canon.

Comme vous n'êtes plus qu'une vieille relique.
Objet de la compassion.
Dès qu'on dit que sur vous un sacrement
s'applique,
On pense à l'Extrême-Onction.

Qui se lie avec vous espère un prompt
veuvage,

Ou, peut-être, ce pauvre amant
Entend que le contrat de votre mariage
Passe pour votre testament.

Vous seriez bien sa mère, et la foi conjugale
Est mal placée entre vous deux :
L'inceste est en effet une chose si sale,
Que le portrait en est hideux.

Les plus intemperez de votre bonne grâce,
Ne donneroient pas un teston,
Et l'on doit s'avouer qu'on est à la besace,
Quand on vous touche le téton.

Souffrez ce petit mot, sans traiter de satire,
Un stile si franc et si doux :
Vous êtes en un point où l'on ne peut médire,
Quelque mal qu'on dise de vous.

Urbain Chevreau,[10] dans ses stances *sur une vieille amoureuse*, p. 150 de ses poésies, édition de 1656, in-12, décrit ainsi sa gorge :

Cependant, vous vous ajustez,
Et votre gorge aux libertés
Semble encor faire des menaces :
Mais chaque jour nous regrettons
Qu'il n'en reste plus que les traces :
Et que vous ayez des besaces
Où vous avez eu des tétons.

Antoine Legrand nous démontre le pouvoir des ans d'une manière très-pathétique :

« L'arrière-saison, dit-il, a ses plaisirs : son utilité égale bien les incommodités qu'elle

---

[10] Le recueil de ses poésies est rare. Il s'y trouve quelques morceaux faibles, mais on le lit avec plaisir. Voyez ses épigrammes et son *Remède à amour*, dans le recueil intitulé : *le Furet littéraire* ou les *Fleurs du Parnasse*, 1 vol. in-12.

nous apporte. Elle est l'attente des laboureurs, et la récompense des vignerons ; si elle dépeuple les campagnes et leurs collines, elle remplit leurs caves de vin, leurs greniers de grains et leurs granges de moissons. Mais, dès qu'une femme approche de la vieillesse, que ses cheveux prennent la couleur des cendres, que les rides sillonnent son front, que ses yeux commencent à jetter de la cire, que ses joues lui tombent sur le menton et que ces deux montagnes de lait deviennent une double besace pleine de sang ; elle cesse d'être le souhait des hommes, ses amants en ont horreur : ceux qui la recherchaient auparavant la haïssent. »

Tout le monde connaît la réponse ingénieuse et maligne de Voltaire à une dame qui présumait trop de sa gorge. Deguerle, auteur de l'*Eloge des perruques*, l'a mise en vers. La voici :

Dans certain cercle assez galant,

Certaine dame fort coquette,

Allait chantant

Papillonnant

En débitant

Mainte sornette.

L'espiègle, comme une autre, avait été jeunette

Un demi-siècle auparavant.

Vieille, laide et coquette ! autant

Vaudroit, ma foi, singe en cornette.

Un gros chanoine, aux yeux dévots,

Du vénérable sein de la Vénus antique,

Lorgnoit en tapinois les vieux débris jumeaux,

Qu'agitait avec art maint soupir méthodique,

Sous la gaze trop véridique.

—Fripon, dit l'éternelle, où vont donc vos
regards ?

Ces petits coquins-ci feront damner votre âme

Voltaire l'entendit :—Petits coquins, madame

Dites plutôt de grands pendards.

La voici autrement :

LA MÉTAMORPHOSE

Gertrude à vingt ans fut jolie :
Elle avoit deux petits tettons
Qu'Ariste aimoit à la folie
Et nommoit ses petits frippons.
Ariste fit un long voyage,
Et revint après vingt-cinq ans.
Je laisse à penser quel ravage
Chez Gertrude avoit fait le temps.
Sur les frippons, par habitude,
Ariste jeta ses regards :
—Ah ! mes petits frippons, Gertrude,
Sont devenus de grands pendards.

Après avoir parlé des femmes qui ont une
laide gorge, il est à propos de parler de celles
qui n'en ont pas du tout. Un renard pris au
piège, au moment où il se propose de croquer
une poule, un créancier qui se repaît avec
volupté de l'espérance de faire saisir les
meubles d'un malheureux débiteur et trouve
la maison vide, éprouvent moins d'humeur et

de surprise qu'un galant qui, après mille efforts pour découvrir et dévorer de son œil furtif une belle gorge, n'en trouve que la place.

Le citoyen Mercier de Compiègne, auteur de la traduction du *Vendangeur*, de *Rosalie et Gerblois*, de *Gérard de Velsen*, etc., raconte ainsi dans un volume de ses *Soirées de l'Automne*, la vengeance d'un galant, qui avait éprouvé un pareil échec :

LE FICHU MENTEUR

CONTE.

Près d'une ci-devant beauté,
Dorval fatiguant sa visière,
Cherchoit si le double hémisphère
Apparoîtrait à son œil enchanté.
Vains efforts ! la recherche avide
Que trompe un gros fichu menteur,
N'offre à ses regards que du vide
Dont enrage l'observateur.

Bref, il n'étoit resté le moindre atôme
A la dame de ses appas.
Pour se venger, que fait notre homme ?
Où fut logé ce qu'il ne trouve pas,
Adroitement une carte est glissée ;
De l'action la dame embarrassée
Lui dit : Dorval, que faites vous ?...
—Ah ! de grâce, point de courroux !
Il ne faut pas que ceci vous étonne,
Je voulois voir un mien ami,
Mais, hélas ! n'y trouvant personne,
Ainsi que l'usage l'ordonne,
Je laisse ma carte chez lui. »

CHAPITRE VI

DES CONTRÉES OÙ LES FEMMES SONT LE MIEUX PARTAGÉES DE TÉTONS

C'est ici qu'il nous faudrait les talents de Tavernier, de Paul Lucas, de Levaillant, de Christophe Colomb, de Bougainville et de Pallas, il faudrait avoir vu tous les pays du monde pour décider quels sont ceux pour lesquels les tétons viennent le mieux, et je n'ai voyagé qu'en Suisse et en Allemagne. J'ai vu à Neufchatel et à Berne les tétons les plus jolis que l'on puisse voir, très-bien apprivoisés, et qui, dans le tête-à-tête, ne se refusaient jamais à l'hommage que les mains voulaient leur rendre.

Le Corrége, l'Albane, le Titien, prirent le type des beautés qu'ils peignirent, dans les Italiennes de leur temps. Rome et son territoire en offrent encore d'éclatants exemples ; et, à l'âge du retour, les Romaines ont de superbes épaules. Mais c'est en Sicile et en Toscane, à Florence et à Sienne, même à Venise, que naissent les plus séduisantes beautés de l'Italie ; car, dans la Lombardie et le voisinage des Alpes, les formes plus volumineuses et plus massives, sont bien moins enchanteresses. Les belles Françaises vivent surtout vers Avignon, Marseille, et dans l'ancienne Provence, peuplée jadis par une colonie grecque de Phocéens. Plus au nord, le sang des Cauchoises, des Picardes et des Belges est plus beau, et la peau est d'une blancheur plus éclatante, mais il y a certainement moins de finesse dans les contours et de délicatesse dans les formes. A Paris, l'on rencontre en général moins de beautés que de grâces dans la démarche et toutes les manières. Les

Marseillaises et la plupart des Languedociennes ont aussi moins de gorge que les Normandes, les Belges, les Suissesses. Les plus grandes beautés de l'Espagne sont dans l'Andalousie et à Cadix : on les dit très-exigeantes en plus d'un genre, capricieuses, et pourtant très-constantes dans leur attachement ; elles concilient le dérèglement des mœurs avec l'observance la plus scrupuleuse des devoirs religieux. La ville de Guimanarez et ses environs sont peuplés des plus charmantes Portugaises, la plupart courtes et vives, qui présentent en général beaucoup de gorge, tandis que les Castillanes n'en ont presque pas. Toutes ont ces beaux yeux noirs, cette taille svelte et souple, ce teint pâle, cet air sérieux, dédaigneux même, qui peuvent enflammer les grandes passions, et rebuter les hommages frivoles et vulgaires.

On connaît le teint éblouissant, les traits expressifs, la physionomie fine et touchante des Anglaises ; plusieurs ont la gorge et l'élégant corsage des Normandes ; elles sont presque toutes blondes, quelquefois même rousses. En Écosse, leur teint devient d'un blanc fade comme aux Hollandaises : mais celles-ci montrent souvent de l'embonpoint, beaucoup de gorge, une carnation pâle et molle. De toutes les Allemandes, les Saxonnes emportent le prix de la beauté ; on ne rencontre peut-être pas un laid visage dans le territoire d'Hildesheim ; le teint charmant de tous les habitants fait dire en proverbe que les femmes y croissent comme les fleurs. Quoique les Autrichiennes ne soient pas laides, les Hongroises paraissent généralement plus belles ; mais, dans toutes les nations germaniques, elles pèchent souvent par un excès d'embonpoint.

A Gratz, en Styrie, une infinité de femmes et de demoiselles ont des amants et en changent publiquement sans qu'on y trouve à redire ; cependant elles sont très-dévotes. Les femmes y ont un beau teint blanc, de gros tétons, mais un peu trop massifs.

Plus au nord, les Polonaises méritent d'être remarquées. Elles ont la blancheur mais aussi, dit-on, la froideur de la neige. Les femmes russes sont, au contraire, fort amoureuses, mais l'abus des bains de vapeur, ou plutôt l'atmosphère chaude où elles vivent, rend bientôt mous et flasques tous leurs appas ; sous leurs chaudes pelisses elles couvent d'ardentes passions, aussi les accuse-t-on de préférer toujours en amour le physique au moral.

Les Albanaises sont plus agréables que les Morlaques ; celles-ci portent une peau tannée, de longues mamelles pendantes, avec un mamelon noir.

On trouve à Dresde, à Leipsik, à Halle, de simples grisettes dont les tétons blancs, rebondis et bien taillés, seraient capables d'orner le sein des reines du monde ; la Saxe est surtout le climat où ces dariolettes sont de la meilleure qualité. Il paraît que le sexe de la Souabe est aussi abondamment pourvu de ces attraits, si l'on en doit croire l'apologie qu'a faite d'eux certain étudiant de l'université de Tubingue, et que l'on a trouvée écrite à la tête de son *Corpus juris civilis* :

Hæc Tubingiacis dos est perpulchra puellis,
Ubera magna, pudor tenuis, vulvæque patentes,
Res angusta domi, foris ampla, et splendida dixi.

Si nous en croyons la comtesse d'Aulnoy, les Espagnoles n'ont point de gorge et n'en veulent point avoir ; voici comme elle en parle : « C'est une beauté pour les dames espagnoles de n'avoir point de gorge, et elles prennent de bonne heure des précautions pour l'empêcher de venir. Lorsque le sein commence à paraître, elles mettent dessus de petites plaques de plomb, et se bandent comme les enfants que l'on emmaillote. Il est vrai qu'il s'en faut peu qu'elles n'ayent la gorge aussi unie qu'une feuille de papier, à la réserve des trous que la maigreur y creuse, et ils sont toujours en grand nombre. »

Plaignons l'aveuglement de ces Espagnoles qui outragent la nature, en refusant des bienfaits dont elle est si avare ; plaignons aussi ces Françaises que la manie de revêtir les habits d'homme porte tous les jours à détruire ce chef-d'œuvre si gracieux et si attrayant de leur sexe ; le délire de cette espèce d'hermaphrodites me fait pitié et m'irrite. Vite, éloignons cette idée affligeante en admirant les beaux tétons de l'Angleterre. Tous les connaisseurs qui ont voyagé dans cette partie de l'Europe s'accordent à dire que la Grande-Bretagne est la mère nourrice des beaux tétons. Voilà ce que Le Pays écrivait de Londres à un de ses amis :

« Ce que nous avons vu de plus qu'à Paris, ç'a été un grand nombre de fort belles femmes, qui sont toutes copieusement partagées de tétons. Comme c'est une marchandise qui est ici à grand marché, et assez précieuse en France, nous avions résolu d'en acheter un bon nombre, et de vous les envoyer tous dans une barque, attachés deux à deux avec du ruban couleur de feu, qui est ici, comme vous savez très-beau et en très-grande abondance. Nous étions persuadés que cette marchandise vous plairait, et que vous seriez bien aise d'en fournir à quantité de vos amies, qui en ont bon besoin, et qui les achèteraient volontiers. Mais comme les commis des Traites foraines ne laissent rien passer sans le visiter, nous avons changé de dessein, sachant fort bien que c'est une marchandise qui se gâte, pour peu qu'on la visite, et qu'ainsi elle auroit bientôt perdu toute sa beauté et tout son éclat quand elle seroit entre vos mains. »

Dans une autre lettre qu'il écrit de la même ville à une dame, il lui donne cette commission :

« Dites à Mme de la L. G. que si elle étoit en Angleterre, elle ne seroit pas la reine des tétons, comme elle l'est à..., puisque les dames de ce royaume en ont qui ne cèdent point aux siens. La différence qu'il y a, c'est qu'on patine les tétons d'Angleterre dès la première connoissance, et sans grande cérémonie ; que pour elle, elle ne laisse pas seulement voir les siens après six mois de soins et de services. »

Pavillon, dans un endroit de sa lettre à Mme Pelissari, sur le voyage de sa fille en Angleterre, dit :

« Le défunt pays de Cocagne, de très-heureuse mémoire, ne valoit guère mieux que celui-ci.

Le Prince[11] qu'en sa cour peu de monde environne,

---

[11] C'est Charles II, prince aussi salace, aussi voluptueux que nos Henri III, Charles VII, Henri IV et François

Peut être aisément abordé :

Il n'est presque jamais gardé

Que par le seul respect qu'on porte à sa

personne.

On le voit aussitôt qu'on vous a présenté.

Malgré l'éclat de la couronne,

Celui que sa grandeur étonne,

Est rassuré par sa bonté.

Ses sujets sont dans l'opulence.

Ses champs produisent à souhait,

Et vous ne sentez sa puissance

Ier. Le C. Mercier, auteur de l'An 2440, et de tant de drames, a fait sur ce prince un drame intitulé : *Charles II dans un certain lieu*. Il n'a point avoué cette production, mais nous assurons qu'elle est de lui. Un nommé *Brémont* a fait l'histoire scandaleuse des amours de ce roi avec Miladi Castelmaine, duchesse de Keweland et la femme de Milord Canduche, dans un petit roman allégorique intitulé *Hattigé, ou les amours du roi de Tamaran*, Cologne 1676. 1 vol. in-16 de 120 pages. Le duc de Buckingham joue un beau rôle dans cette chronique scandaleuse.

Que par les biens qu'elle vous fait.
La terre sans impôts et le ciel sans colère
Nous laissent en repos jouir de notre bien.
Le Roi ne lève presque rien,
Et Jupiter n'y tonne guère.
Tout votre sexe à cheveux blonds,
À teint de lys, à beau corsage,
Magnifique en habits, en train, en équipage,
Fait marcher devant son visage
Une infinité de tétons.

Il dit encore dans un autre endroit de la même lettre :

« Nous mènerons au premier jour votre fille à Windsor ; c'est un lieu charmant où le bon roi Stuart tient maintenant cour plénière. Elle prétend lui demander un don, qui est la réformation des tétons dans toute l'étendue de son royaume, suivant le modèle qu'elle lui en présentera elle-même. Vous saurez, madame, qu'en tous ces quartiers, la plupart des tétons, sous prétexte qu'ils sont blancs comme neige,

163

n'ont point honte d'aller tout nuds dans les rues, et qui plus est, de se baiser hardiment à la vue de tout le monde, sans crainte de Dieu et des hommes. Les gens du pays pensent que cette réforme sera facile à établir, parce que les tétons de ce territoire étant de leur nature fort dociles, on peut aisément les réduire à en faire tout ce qu'on voudra. »

Avant de finir, je dois encore dire que j'ai vu dans des couvents toutes sortes de beaux tétons ; il est vrai que ce n'est que la figure et non la forme. J'y ai trouvé des tétons naissants et des tétons formés, où rien ne manquait que la permission de les voir à découvert et de sentir s'ils étaient durs. Peindrai-je ces touffes de lys et de roses mollement comprimées par la guimpe, ces sphères de neige qui croissaient à l'ombre des autels, et qui ne pouvaient être accessibles qu'aux doigts sacrés du pater et du directeur, ou d'un jardinier discret et charmant ? Comme je ne produirais rien de neuf et de piquant dans ces descriptions d'objets que j'ai toujours aimés, et que j'ai très-rarement vus, tels que ma muse les voudrait peindre, je crois plus sage de renvoyer mon lecteur, pour qu'il n'y perde rien, aux friandes peintures qu'en ont faites Voltaire, dans sa *Pucelle*, Piron, Dorat, et autres poëtes érotiques modernes, et je me borne à dire : vive un sein de couvent !...

Ceci me remet dans l'esprit un sonnet pour une belle personne, à qui les tétons étaient venus depuis qu'elle était religieuse.

Ci gisent les tétons de la jeune Sylvie,
Pitoïable passant, admire et plains leur sort.
Ils n'avoient pas du ciel encor reçu la vie,
Qu'on les avoit déjà destinez à la mort.

On ne consulta point leur naturelle envie :
Leur courroux fait bien voir qu'on leur a fait grand tort,
Puisqu'on les voit s'enfler contre la tyrannie
Qui les mit au tombeau par un barbare effort.

Mais ce qui te fera plaindre leur aventure,
C'est qu'on les tient vivants dans cette
sépulture,
Comme étant convaincus d'un horrible
forfait.

Tout leur crime pourtant n'est que d'avoir sçu
plaire ;
Peur moi, ne voyant pas quel mal ils avoient
fait,
Je crois qu'on les punit de ceux qu'ils
pouvoient faire.

Si des Européennes nous passons aux femmes
de la race, où plutôt de l'espèce nègre, nous
leur trouverons généralement une disposition
extrême à la lasciveté et même une
conformation particulière dans les organes
sexuels. Comme cette espèce d'hommes est
moins propre au développement des facultés
intellectuelles, elle est aussi plus disposée aux
fonctions purement animales, et la plupart des
nègres sont *bene mutonati*. Les négresses

paraissent conformées dans la même proportion, de sorte que les européens les trouvent fort larges. Toutes ont, comme on sait, une gorge très-volumineuse, et bientôt molle et pendante, même dans les climats où l'on ne peut pas en accuser la chaleur atmosphérique, comme au nord des États-Unis ; mais ce qui surtout les distingue de la race blanche, c'est le prolongement naturel des nymphes, et quelquefois du clitoris, bien moins commun chez les femmes blanches que chez les négresses.

Les femmes cafres, les mieux constituées de toutes les négresses, et les plus fortes, ont un caractère plus ardent et plus viril ; les négresses joloffes et mandingues, sans être aussi bien formées, et avec un sein plus tombant, une transpiration d'odeur porracée, paraissent cependant encore agréables dans leur première jeunesse. Leur peau est douce et soyeuse comme le satin. Mais elles déploient une lubricité et des passions inouïes dans nos climats ; elles semblent porter dans leur sein enflammé tous les feux de l'Afrique. Pour exciter davantage l'ardeur de l'homme, les Égyptiennes coptes se frottent les parties sexuelles de parfums stimulants, comme d'ambre, de civette et de musc. Aussi, un proverbe des Turcs dit : Prends une blanche pour les yeux ; mais pour le plaisir, prends une Égyptienne, ou une négresse.

On convient cependant que les négresses sont excellentes mères ; la plupart ont beaucoup de lait ; les mamelles des Égyptiennes étaient renommées par leur volume extrême dès le temps de Juvénal :

In Meroe crasso majorem infante papillam.

A la Nouvelle-Hollande, la parure d'une belle Malaie consiste toute en sa peau, étrangement bariolée de piqûres de diverses couleurs, et c'est ce qu'on appelle *tatouage* ; toutes ont soin d'assouplir leur peau par le bain et par l'huile de coco ; elles se vêtissent de tissus de feuillage ou d'écorces légères qui ne dérobent point la vue de leurs charmes secrets. Elles n'ont pas toujours la gorge pendante des négresses ; elle est même assez petite dans les premiers temps de la puberté.

Ne pensons pas que les négresses soient toujours dépourvues de beauté ; elles ont aussi leur prix. On en a vu de fort jeunes, ayant un nez droit et presque aquilin, et avec une figure qui, si nous en exceptons la couleur, n'aurait pas déparé une Européenne : on n'y remarquait point cette vilaine moue des Éthiopiens ; l'avancement des joues y était presque insensible, et le sein, parfaitement placé, n'y était pas flasque et pendant, mais d'une agréable rotondité. Considérons ces lèvres d'un rouge éclatant de corail sur un fond d'ébène soyeux, cette petite bouche, qui ressemble à un bouton vermeil et frais de rose, posé sur du velours noir ; contemplons cette double rangée de perles brillantes, ces grands et beaux yeux pleins de feu ; admirons la douce aménité du visage, cette suavité des formes, cette voluptueuse flexibilité, ce balancement, cette souplesse dégagée de tous les mouvements, bien plus sensible dans les négresses que dans les Européennes ; et s'il m'était permis de peindre tant d'autres attraits qui ne sont ordinairement couverts, dans ces esclaves infortunées, que du voile de la simple innocence, à combien de femmes laides, quoique blanches, paraîtraient-elles préférables pour des yeux non prévenus !

CHAPITRE VII

DE L'ÉLOQUENCE DES TÉTONS

Il y a eu deux Phryné, outre celle qui est célèbre par la statue d'or massif qu'elle donna au temple de Jupiter, avec cette inscription : *De l'intempérance des Grecs* ; et les murailles de Thèbes qu'elle avait rebâties. Il ne faut pas confondre cette illustre courtisane grecque avec une autre Phryné que l'on avait surnommée ainsi d'un mot grec, qui signifie *crible*, parce qu'elle criblait et ruinait ses amants, sans en être plus riche ; comme font presque toutes celles que nous voyons aujourd'hui briller sur les mille et un théâtres de notre luxurieuse capitale.

Une troisième (celle dont je veux parler), fut accusée d'impiété par les Athéniens, et traduite devant l'aréopage, pour subir la peine capitale que méritait ce crime. Les juges, impassibles comme la loi, admiraient sans en être émus, les grâces les plus attrayantes, la toilette la plus voluptueusement raffinée, des yeux qui avaient fait tomber aux pieds de la nymphe les personnages les plus distingués, les philosophes, les sages et les chefs de la République. L'auditoire était nombreux. La pitié, le tendre intérêt se peignait sur tous les visages, et rien ne pouvait soustraire la courtisane au supplice ; la déposition des nombreux témoins ne laissait plus d'espoir, le crime était avéré, les juges allaient, en gémissant tout bas, prononcer la redoutable sentence ; l'avocat de l'accusée avait épuisé toutes les ressources de l'art oratoire, mais toute son éloquence était perdue. Tout à coup une idée lumineuse et hardie, produite par la tentative la plus désespérée, exalte sa tête, et

172

lui fournit un moyen de gagner sa cause. Il découvre brusquement le sein de sa belle cliente, et ce spectacle inattendu a produit dans toute l'assemblée une espèce de délire ; on croit voir Vénus elle-même, qui sous les traits d'une mortelle, a quitté Chypre et Amathonte, pour recueillir l'hommage des Grecs, et demander la grâce de l'accusée. La gravité des juges cède au charme vainqueur de l'étonnement, du plaisir et de l'admiration. La bouche ne trouve pas d'expression pour rendre le sentiment, mais le silence et l'avidité des regards, un cri général d'intérêt et de compassion, tout complète le triomphe de Phryné. Elle était suppliante, éplorée, courbée sous le poids de l'improbation : un sein paraît, la chance tourne, elle commande en souveraine, elle asservit tout ce qui porte les yeux sur elle : « Eh bien, ajoute le défenseur, profitant du succès de son stratagème, si elle est coupable, qui de vous, Athéniens, osera condamner à la mort ce que la nature a formé de plus beau ? Osez regarder celle dont vous voulez verser le sang, et si vous le pouvez, oubliez que vous êtes hommes. » Il dit, et l'Aréopage, quittant son auguste caractère, a repris unanimement les sentiments d'humanité. Phryné est déclarée innocente, et portée chez elle en triomphe.

Cette manière de justifier n'est pas encore abolie, dit à ce sujet le galant Saint-Evremont ; il y a bien de belles femmes, coupables quand on ne les voit pas, qui deviennent innocentes aussitôt, quand on les voit. Souvent même, les juges punissent les femmes pour un certain crime qu'ils voudraient bien avoir commis avec elles.

Ceux de mes lecteurs qui aiment la poésie, liront avec plaisir cette même anecdote, racontée avec plus de grâce par le citoyen Deguerle, déjà cité.

PHRYNÉ DEVANT L'ARÉOPAGE

Phryné plaidoit devant l'Aréopage ;
Si l'on en croit plus d'un docte écrivain.[12]
Grave parut le cas en arbitrage :
Il s'agissait du service divin.
« Quoi ! de Vesta (criait un peuple nain)
Oser railler l'immortel pucelage !
Et des époux rire au nez de Vulcain !
Au feu, l'impie ! au feu ! de par Jupin. »
La gent dévote au sénat faisait rage :
La belle Grecque y perdit son latin.

Vous connaissez ces deux formes jumelles
Qu'en demi-globe, à l'ombre de ses ailes,
L'Amour assied sur un trône pareil :
Pommes de neige où couvent étincelles :
La gaze y voit, loin de l'œil du soleil,
Poindre à quinze ans la fraise au teint vermeil.

---

[12] Quintilien, Aristote, etc.

Froide raison, à genoux devant elles !
Que de procès, en maint sage conseil,
N'ont point gagné ces avocats femelles ?
Si plaideuse onc en connut le talent,
C'était la nôtre. Or ça (dit la rusée,
Quand elle vit sa rhétorique usée) :
« Mettons en jeu mon dernier argument. »
Et la voilà qui garde un long silence….
Puis on la voit et sourire et rougir ;
Couleur de rose ! équivoque nuance !
Peins-tu la honte, ou peins-tu le plaisir ?
Sa main distraite a dérangé la gaze
Où se cachaient les lys d'un cou charmant.
Grâce au hasard d'un second mouvement,
L'aiguille d'or a glissé de sa base :
Adieu le voile au tissu transparent,
Fardeau léger dont se charge le vent !
Que d'attraits nuds ! un feu subit embrase
Et spectateurs et sénat en extase.
Que ne dit pas à l'œil qui s'y connaît,
D'un joli sein le langage muet ?
Bavards diserts, gens à brillante emphase,

Vous n'avez point le charme de sa phrase !
Pour une pomme on vit Pergame en feu ;
Au Paradis, Eve pour une pomme
Sonna l'alarme entre le diable et Dieu.
Grâce à Phryné, nos Rhadamante, en somme,
Pour une seule en apercevaient deux.
Bien qu'on soit juge, on n'en est pas moins
homme ;
Et c'est pour voir, enfin, qu'on a des yeux.
Bref : en dépit et de Vesta la vierge,
Et du bon prêtre, et du pauvre Vulcain,
Phryné dicta le véto du scrutin.
Brûlé ne fut, pour cette fois qu'un cierge :
Cierge en l'honneur du bienheureux *trio*
Mis hors de cour au milieu des *bravo*.
Gens timorés diront : « L'Aréopage
En ce jour-là fit nargue à l'équité. »
Mais qui de nous aurait été plus sage ?
Il oublia les dieux pour leur image :
Est-on de marbre auprès de la beauté ?

Or maintenant, gentes Parisiennes,
A l'œil coquet, au teint frais et fleuri :

177

Galant essaim, amour d'une autre Athènes,
Mais qui jamais de Vesta n'avez ri :
Venez à moi ! venez, vierges pudiques,
Douces mamans, et vous femmes uniques,
Honneur d'un père, ou trésor d'un mari !
Je veux juger vos fredaines honnêtes....
Quels bras mignons ! Quel sein !... Pour m'émouvoir,
Chastes Vénus, restez comme vous êtes :
Pas n'est besoin de jeter le mouchoir.

La gorge de Phryné a sans donte servi de modèle au charmant poëte latin, Jérôme Amalthée, dans les vers suivants. L'on ne peut rien ajouter à la délicatesse de cette petite pièce :

Fert nitido duo poma sinu formosa Lycoris
Illa eadem nitido fert duo fraga sinu.
Sunt mammæ duo poma ; duo sunt fraga papillæ :
Poma nives vincunt, fraga colore rosas.

Hæc amor exugens : valant, ait, ubera matris !
Dulcius his manat nectar ab uberibus.

La réponse suivante, remplie d'innocence et
de naïveté, prouve que les femmes connaissent
dès leur plus bas âge, tout le pouvoir de leurs
attraits naissants, et que la nature sage et
prévoyante a mis en elles un instinct infaillible
pour juger de leurs effets. Or, ces effets n'ont
lieu que quand leur gorge est à moitié ou tout
à fait découverte : nous n'apprendrons jamais
aux femmes à tirer parti de leurs charmes.

Agnès, d'un œil content, voyait déjà paroître
Ses jeunes et tendres appas ;
Quinze printemps l'avaient vu croître,
Et son cœur soupirait pour le jeune Lycas.
Un jour, à sa maman austère,
Agnès parut, le sein à demi-nu,
Pourquoi n'avoir point de fichu ?
Lui dit-elle d'un ton sévère.
Agnès répond, en soupirant tout bas,
De beaux habits pour moi, vous êtes trop

avare,

Et si je cache mes appas,

Avec quoi voulez-vous, maman, que je me
pare ?

Anacréon dit que pour être beau, le sein ne
doit pas être plus gros que deux œufs de
tourterelle ; le citoyen Mercier (de
Compiègne) t. III des *Soirées d'Automne*, p.
100, nous donne un tableau gracieux d'une
gorge de cette espèce, dans le conte suivant,
intitule : *la Fraise et l'Oeuf* :

De fraises fraîchement cueillies,

Hélène portait un panier ;

La rosée y faisait briller

Mille perles des plus jolies.

Hélène, encore à ses quinze ans,

Autant que ses fruits pouvait plaire

Aux connaisseurs les plus friands ;

Par-ci, par-là, notre laitière

Avait rangé de très-gros œufs,

Frais pondus, blancs comme batiste,

Et dont l'éclat, sur le fruit amétiste,
Formait un tout harmonieux.
Pour plaire à l'engageante Hélène,
Qui les offrait d'un air si gracieux,
En la lorgnant, de sa corbeille pleine,
Au hasard je tire un d'entre eux
Que cinq doigts entouraient à peine,
Que vois-je ! Effet délicieux !
Sur le gros bout une fraise écrasée,
Et là, par le hasard placée,
Sur l'aréole carminée
Forma ce bouton radieux
D'où distille l'humeur lactée,
Imprégné de l'onde sucrée.
L'ensemble enfin rendait au mieux
Un sein naissant, digne des dieux.
Je contemplais, avec avidité,
Cette image simple et fidèle
Des sources de la volupté ;
Et voulant mettre en parallèle
L'image et la réalité,
Près des tétons dévoilés de la belle,

Qui se prêtait, en riant, à ce jeu,
L'œuf fut placé ; mais si la pastourelle
Y gagna, ce fut de bien peu.

L'ORIGINE DU PETIT BOUT DES TÉTONS

Au temps passé n'avoit, à ce qu'on dit,
Femme au tetin ce rouge boutonnet,
Et Priapus qui étoit en crédit,
Oreilles eut sous son petit bonnet ;
Mais quelque dieu les lui coupa tout net,
Puis en forma la retonne gentille
Que fait aller mainte superbe fille,
Sentant qu'elle a du mâle la dépouille.
Et de là vient que tous les coups que fouille
Au sein de son amie un amoureux ardent,
Ce bon galant frémit incontinent
De grands plaisirs, et s'étend à merveilles,
Comme disant : je prendrai mes oreilles.

Grécourt.

Voltaire, dans *Zadig*, nous donne un exemple charmant de l'éloquence des tétons.

La jeune veuve Almona, sauvée du bûcher par Zadig, lui en avait voué beaucoup de reconnaissance. Zadig, accusé de crimes imaginaires par des ministres jaloux de son influence, fut jugé et condamné à son tour à être brûlé à petit feu. Almona résolut de le tirer de là. Elle roula son dessein dans sa tête, sans en parler à personne. Zadig devait être exécuté le lendemain ; elle n'avait que la nuit pour le sauver : voici comme elle s'y pris, en femme charitable et prudente.

Elle se parfuma ; elle releva sa beauté par l'ajustement le plus riche et le plus galant, et alla demander une audience secrète au chef des prêtres des étoiles. Quand elle fut devant ce vieillard vénérable, elle lui parla en ces termes : « Fils aîné de la Grande-Ourse, frère du Taureau, cousin du Grand-Chien (c'étaient les titres de ce pontife), je viens vous confier mes scrupules. J'ai bien peur d'avoir commis un péché énorme, en ne me brûlant pas dans le bûcher de mon cher mari. En effet, qu'avais-je à conserver, une chair périssable, et qui est déjà toute flétrie. » En disant ces paroles, elle tira de ses longues manches de soie, ses bras nus d'une forme admirable et d'une blancheur éblouissante. « Vous voyez, dit-elle, le peu que cela vaut. » Le pontife trouva dans son cœur que cela valait beaucoup. Ses yeux le dirent, et sa bouche le confirma ; il jura qu'il n'avait vu de sa vie de si beaux bras. « Hélas ! lui dit la veuve, les bras peuvent être un peu moins mal que le reste ; mais vous m'avouerez que la gorge n'était pas digne de mes attentions. » Alors elle laissa voir le sein le plus charmant que la nature eût jamais formé. Un bouton de rose sur une pomme d'ivoire n'eût paru auprès que de la garance sur du buis, et les agneaux sortant du lavoir auraient semblé d'un jaune brun. Cette gorge, ces grands yeux noirs qui languissaient en brillant doucement d'un feu tendre, ces joues animées de la plus belle pourpre, mêlée au blanc de lait le plus pur, ce nez, qui n'était pas comme la tour du mont Liban, ces lèvres, qui étaient comme deux bordures de corail renfermant les plus belles perles de la mer d'Arabie, tout cela ensemble fit croire au vieillard qu'il avait vingt ans. Il fit, en bégayant, une déclaration tendre. Almona, le voyant enflammé, lui demanda la grâce de Zadig.

« Hélas ! dit-il, ma belle dame, quand je vous accorderais sa grâce, mon indulgence ne servirait de rien, il faut qu'elle soit signée de trois autres de mes confrères.—Signez toujours, dit Almona.—Volontiers, dit le prêtre, à condition que vos faveurs seront le prix de ma facilité.—Vous me faites trop d'honneur, dit Almona, ayez seulement pour agréable de venir dans ma chambre après que le soleil sera couché, et dès que la brillante étoile *Sheat* sera sur l'horizon ; vous me trouverez sur un sofa couleur de rose, et vous en userez comme vous pourrez avec votre servante. »

Elle sortit alors, emportant avec elle la signature, et laissa le vieillard plein d'amour et de défiance de ses forces. Il employa le reste du jour à se baigner ; il but une liqueur composée, de la cannelle de Ceylan, et des précieuses épices de Tidor et de Ternate, et attendit avec impatience que l'étoile *Sheat* vint à paraître.

Cependant, la belle Almona alla trouver le second pontife. Celui-ci l'assura que le soleil, la lune et tous les feux du firmament n'étaient que des feux follets, en comparaison de ses charmes. Elle lui demanda la même grâce, et on lui proposa d'en donner le prix. Elle se laissa vaincre, et donna rendez-vous au second pontife au lever de l'étoile *Algenib*. De là, elle passa chez le troisième et chez le quatrième prêtre, prenant toujours une signature, et donnant un rendez-vous d'étoile en étoile. Alors elle fit avertir les juges de venir chez elle pour une affaire importante. Ils s'y rendirent : elle leur montra les quatre noms, et leur dit à quel prix les prêtres avaient vendu la grâce de Zadig. Chacun d'eux arriva à l'heure prescrite ; chacun fut bien étonné d'y trouver ses confrères, et plus encore d'y trouver les juges devant qui leur honte fut manifestée. Zadig fut sauvé.

Voltaire, *Zadig*.

CHAPITRE VIII

MOYEN DE CONSERVER LA GORGE

Voici, sexe charmant, le chapitre qui doit faire auprès de toi la fortune de cet éloge. Que nous servirait, mesdames, d'avoir chanté la plus belle partie de vous-même, si notre art ne vous instruisait encore à la conserver dans toute sa fraîcheur.

Plume aimable et facile du chantre badin des *Perruques*,[13] viens pour un moment sous mes

---

[13] *Éloge des Perruques*, enrichi de notes plus amples que le texte ; par le docteur Akerlio (Deguerle). Paris, an VII, 1 vol. in-12.

Cet *Éloge* badin a trouvé grâce auprès des savants comme auprès des dames, malgré les traits malins qu'il doigts ; et que les grâces, en nous lisant, croyent encore lire quelques pages du docteur Akerlio.

Mais déjà mon sujet m'inspire ! Or, écoutez, mesdames ; j'ai toussé, je commence.

La parure est à la beauté ce que l'esprit est au savoir. On ne se plaît guère sans un peu de coquetterie ; pour retenir dans ses bras son céleste époux, Junon même eut besoin un jour de la ceinture de Vénus. Que l'art de la toilette soit donc votre première étude ; mais anathème éternel à ces corps meurtriers, où la taille la plus svelte perd dans sa prison de

---

s'est permis de décocher contre les têtes à perruques de toute espèce. Loué par tous les journaux sans en excepter la *Décade*, il n'a pu fléchir le courroux du terrible *Victor-Campagne*, dont l'œil perçant a vu tout seul, dans cet élégant badinage, une horrible contre-révolution, Voy. le *Flambeau*, du 18 floréal an VII.

baleine son élégance naturelle ! Un simple corset suffit à la conservation des formes. Qu'une bande légère, fixée vers la partie moyenne de la poitrine, embrasse mollement la région inférieure de chaque hémisphère, en soutienne adroitement le poids sur un support invisible, et laisse entrevoir à l'œil éveillé du désir, cette mappemonde mobile, sur laquelle l'imagination la plus froide aime à voyager quelquefois.[14] Gloire à toi, docte et galant Alphonse ![15] Le premier, tu proclamas courageusement la liberté des gorges, leurs

---

[14] Gentil Bernard a dit (*Art d aimer*, ch. II) :
Qu'un sein trop humble à sa place arrêté
Offre un amour de son frère écarté.

[15] Alphonse Leroi, médecin de la Faculté de Paris, a publié, en 1772, de savantes *Recherches sur l habillement des femmes et des enfants*. L'auteur de cet ouvrage utile s'y déchaîne avec une sainte colère contre l'usage des *corps baleinés*, dont l'usage était général à l'époque où il écrivait, et qu'un caprice de la mode menace de ressusciter aujourd'hui.

amants te doivent une statue ; et j'ai placé la tienne dans mon boudoir.

Une *douce chaleur*, en dilatant les solides, peut aider au développement d'un sein virginal. Une belle gorge aime à braver demi-nue l'action d'une température modérée. Mais le froid est son ennemi mortel. Qu'elle en évite soigneusement les rigoureuses atteintes ; ou bientôt, au lieu de cette élastique fermeté qui fait le premier charme d'un sein de lys, elle n'offrira plus au doigt délicat de l'amour, qu'une solidité squirreuse, éternel écueil des désirs.

Ce sein trop humble n'ose, dites-vous, se montrer au jour. Eh bien ! connaissez donc les secrets du génie. Le *fluide électrique* commande à la foudre même ; il peut, à la voix d'un praticien habile, imprimer aux vaisseaux sanguins, une turgescence favorable. Souffrez, mesdames, qu'on vous *magnétise* : le docteur Mesmer n'a point d'égal dans l'art de donner à certains charmes une expansion délicieuse.

Le malade résiste-t-il à la *verge* électrique, à la magie du *baquet* ; la mécanique vient pour vous au secours de la physique. Que dans sa double cavité, une officieuse *ventouse* embrasse, sans les blesser, vos deux globes d'albâtre. L'air ainsi raréfié, hâtera sans douleur le développement de la gorge rebelle.... C'est peu : un contact indiscret vient-il à déformer par accident le bouton de vos roses jumelles ? retournez, mesdames, à l'heureuse *ventouse* : le bouton ranimé reprendra bientôt sa forme et sa fraîcheur.

Belles sans expérience, vous qui pleurez ingénuement à votre quinzième année, l'absence du plus doux attrait dont se pare un buste féminin, consolez-vous ! il n'est point de mal sans remède. Plus d'une prêtresse de Vénus tient magasin de *seins postiches*. Vous pouvez avoir à vil prix la plus belle gorge du monde, dans une paire de *cartons bombés.*

Et vous, honneur de votre sexe, femmes intéressantes qui voulez unir en même temps le plaisir d'être épouses et l'orgueil d'être mères, ne craignez rien : à l'aide d'une petite ruse, on est maintenant à la fois et *nourrice* et *jolie.* Déjà l'œil marital commence-t-il à lire avec peine les ravages de l'allaitement sur un mamelon déprimé ? voyez la *gomme élastique* se façonner pour vous en chapeau complaisant.[16] L'aiguille l'a criblé tout exprès de légers tuyaux capillaires, pour fournir un libre passage au lait nourricier. Sous la *forme* couleur de rose dont il est hermétiquement couvert, le sein maternel cache ainsi sans péril sa passagère laideur ; et, par cette innocente

---

[16] Ce *chapeau* s'appelle, en termes techniques, *bout de sein.*

imposture, il satisfait à la fois la nature et l'amour.

De graves professeurs d'*hygiène* ne voient de salut pour les belles gorges, que dans un régime d'anachorète. A les entendre, il n'est pour nos Vénus qu'un moyen sûr de conserver leurs charmes : c'est de n'en faire aucun usage.[17] Le jeûne, selon eux, est encore une recette unique : pour éterniser la beauté, vive (disent-ils) l'art de mourir de faim.

Quant à nous, indulgents casuistes, nous sentons combien la chair est fragile. Cette *abstinence* surnaturelle n'appartient qu'aux purs esprits ; *de tout un peu*, c'est la devise des corps. Le plus grand des philosophes, Épicure,

---

[17] Comme si la gorge la plus *respectable* ressemblait aux cantiques de feu Pompignan dont Voltaire a dit quelque part :
Sacrés ils sont, car personne n'y touche.

fut par excellence l'apôtre de la volupté, et notre rigorisme, mesdames, ne vous défend que l'excès.

Ainsi, bien que l'eau soit, d'après Hippocrate, la boisson conservatrice des belles formes, nos ordonnances moins rigides vous permettent l'usage modéré des liqueurs.[18] Nous n'aurons pas la cruauté d'interdire aux dames le café du matin ;[19] mais que le sucre et le lait adroitement mélangés, lui servent toujours de

---

[18] Même spiritueuses et fermentées : le *trop* seul est de trop.

[19] Il y aurait presque autant d'inhumanité à défendre au beau sexe le *thé au lait* ; ainsi, nous lui en permettons l'usage, d'autant plus que l'habitude qui, comme on sait, est une seconde nature, a mis, grâce à la mode, presque tous nos estomacs *à l'anglaise*.

correctif. Funeste au système nerveux, l'abus du *café à l'eau* a desséché plus d'un joli sein.[20]

Pourquoi faut-il que le plaisir ait aussi ses regrets ? Sexe enchanteur ! quel feu n'allume pas dans nos sens le seul aspect de tes pommes de neige. Il nous faudrait mourir, si les flammes dont tu nous consumes ne te brûlaient toi-même ! Ah ! pour le bonheur de l'homme, succombe quelquefois aux douces tentations que tu fais naître ! mais, pour l'honneur de tes charmes, résiste plus souvent

---

[20] Quelle que soit notre indulgence, nous devons en conscience inviter les poitrines délicates à substituer à l'usage du *thé* et du *café*, celui du *chocolat* ou du *cacao*. Les liqueurs proprement dites peuvent être, dans le même cas, remplacées avec succès par le vin et la bière ; mais le vin doit être *généreux*, et la bière de bonne qualité. Parmi les aliments les plus amis de la *gorge* sont les végétaux, les substances *amylacées*, riz, truffes, etc. Les ragoûts trop épicés ne sont pas sans périls ; ainsi que les acides, ils minent l'embonpoint, et produisent enfin la maigreur, hideuse ennemie de la beauté.

encore à l'attrait du désir ! La fleur des champs que le papillon se plaît à baiser, s'effeuille enfin sous l'aile de l'insecte brillant : ainsi la fleur d'un beau sein finit par se faner sous les caresses d'un indiscret amour. La rose de la volupté ressemble à Titon dans les bras de l'Aurore : chaque baiser la vieillit d'un lustre,[21] et le bouton du matin, le soir n'est plus qu'une épine.[22]

Vous, dont la fougue égarée poursuit la jouissance au péril de vos charmes ! ah ! du moins, quand vos sens sont calmés, hâtez-vous

---

[21] En profonds commentateurs, n'oublions pas de dire ici : « Il y a lustre et lustre ; le lustre vulgaire est de cinq années, celui de la rose est de cinq minutes. »

[22] C'est ce qui fait dire à je ne sais quel poëte, en parlant de je ne sais quelle nymphe :
Lise, à quinze ans, avait un sein superbe ;
La pauvre Lise, à vingt ans, n'en a plus.
Pourquoi, dit-on ?—C'est qu'aux chemins battus
On ne vit jamais croître l'herbe.

de réparer en secret les outrages du plaisir. Autrefois tributaires du génie monacal, la botanique et la chimie opposaient au développement des gorges nonnettes le froid *nénuphar* et le mystique *agnus castus*. Libres aujourd'hui, ces deux sciences aiment à préparer de concert d'utiles restaurants aux seins débilités. Connaissez l'art des *frictions* réparatrices. Elles entretiennent dans sa fraîcheur le satin de la peau ; elles rendent aux formes affaissées leur souplesse et leur ressort ; par elles, les lys disparus sous le feu du baiser, ont retrouvé bientôt leur première blancheur. Salut, savante Tolleret ![23] La renommée de tes *pommades* a volé des bords de la Seine aux rives du Mississipi. Le sein de la belle Poppée[24]

---

[23] Madame Tolleret, célèbre par ses découvertes dans l'art de restaurer les gorges, du temps de Mercier.

[24] Poppée, impératrice romaine, seconde femme de Néron. Sa Majesté tigre éventra d'un coup de pied sa royale épouse, sans respect pour sa belle gorge.

n'eut jadis pour ressource que le *bain de lait d'ânesse* ; les gorges égyptiennes ne connaissent que *l'hermodacte*.[25] Mais ces recettes merveilleuses, les tiennes les ont éclipsées. C'est à ta voix que, pour la sécurité d'un sein galant, l'olive et l'amande offrent à la fois leur huile adoucissante ; que la pimprenelle et la rose prodiguent leur essence aromatique ; que la cannelle et la fleur d'orange s'unissent à la crême en pâtes odorantes, et s'étendent en *masque* officieux[26] sur plus d'un sein décrépit.

Non, tu n'auras point fait d'ingrates, ô toi, dont le génie tutélaire a bien mérité des gorges ! Permets que leur chantre, en terminant leur éloge, te proclame leur bienfaitrice. Un grain de leur encens t'est dû.

---

[25] L'hermodacte est l'*iris tuberosa* des botanistes.
[26] Nous ne parlons point ici par métaphore. La grande toilette exige aujourd'hui deux masques ; un, comme on sait, sur le visage, l'autre sur la poitrine.

Puisse ton nom briller désormais en lettres d'or dans les fastes de la beauté ! Puisse, éternisée par la reconnaissance féminine, ta mémoire ne périr qu'avec le dernier téton !

CHAPITRE IX

RECETTES VIRGINALES.—MOYENS À
EMPLOYER POUR EFFACER LES RIDES
ET DIMINUER L'AMPLEUR DU
VENTRE ET DE LA GORGE ET DE LA
FAIRE CROÎTRE À CELLES QUI SONT
PRIVÉES DE CE BEL ORNEMENT

Quelquefois, après la grossesse, la gorge et le ventre restent flétris et plus volumineux. L'art offre ici plusieurs moyens : ils sont ou mécaniques, ou thérapeutiques ; les premiers consistent dans l'application de bandelettes pour le sein, et de larges bandes sur le ventre, aussitôt après les couches, avec la précaution de les resserrer graduellement, pour laisser à l'organe de la génération les moyens de contraction qui lui sont alors nécessaires. L'habit européen est, à cet effet, plus favorable aux femmes que la veste asiatique qui, ne contenant point les intestins, permet à la texture molle de leurs enveloppes, d'acquérir des dimensions énormes. Plus soigneuses de leur gorge et de leurs pieds, les Géorgiennes, les Otaïtiennes, les Chinoises, les Bayadères captivent leur gorge enfantine dans un étui, qu'elle ne peut dépasser,[27] et emprisonnent, dès le berceau, dans une *babouche* étroite, leur pied qui ne

---

[27] Nous n'avons point en France le bois mobile et léger dont se servent, pour cet usage, les Bayadères, mais nous pouvons le remplacer avec avantage par la gomme élastique, qui, par sa flexibilité et sa légèreté, ne peut froisser ni déformer les contours qu'elle serait destinée à faire éclore. On connaît à présent le moyen de dissoudre cette gomme ou plutôt ce *gluten* animal.

s'accroît que très-peu. On a ridiculisé ce goût fondé cependant sur quelque raison. En effet, une main calleuse, un pied plat et long annoncent une basse extraction, une vie exercée aux travaux les plus rudes, tandis qu'un pied mignon, présage flatteur d'attraits plus cachés, semble être le résultat d'une éducation soignée : et ne fît-on que retracer cette fameuse Rhodope, déjà citée par nous, dont le joli soulier, emporté par un aigle et tombé à Memphis, dans le bain du roi *Psammétique*, fit marcher son petit pied à si grands pas vers la fortune, et valut à Rhodope les honneurs du trône ; on avouera qu'on a quelque droit à placer ce genre d'attrait parmi ceux qui exercent sur l'homme un grand empire.

On a vanté la mélisse pilée et appliquée sur la gorge, et l'arbrisseau de Vénus, le myrte, s'honore d'offrir aussi un moyen de faire disparaître les traces du culte qu'on rendit à la divinité auquel il est consacré. En général, les sumacs (*rhus coriaria*), les chênes (*quercus ilex*), les épines, les arbousiers et tous les végétaux styptiques contiennent un *tannin* très-propre à cet usage.

Enfin, le médecin des dames[28] dit :

Si mulierum sinus pudoris sit nimium dilatatus, quod accidit tùm propter partus, tùm propter frequentes coïtus, debent mulieres tunc uti sequentibus remediis :[29]

Prenez, dit-il, noix de galle encore vertes, faites-les bouillir dans du vin avec quelques

---

[28] Le Camus, homme grave, érudit, et qui s'honora cependant de tracer l'hygiène de la beauté sous le nom d'Abdeker.

[29] On pourrait nous reprocher nos citations latines, celle-ci s'excuse d'elle-même, et les mères prudentes nous en sauront gré ; quant aux autres, nous avons ménagé, aux jeunes agréables du jour, l'occasion de se montrer, auprès des belles, érudits à peu de frais.

clous de girofle, trempez-y un linge et appliquez.

Ou bien : alun, sang-dragon, gomme arabique, suc d'acacia, feuilles de plantain, de renouée, de tormentille, fleurs et fruits de grenadier, capsules de glands, sorbes non mûres, roses de Provins, faites bouillir dans du vinaigre, et appliquez au moyen de compresses.

Ou : quatre onces d'huile d'amandes amères, une once de cire blanche ; faites fondre au bain-marie ; ajoutez deux gros d'alun, une once de suie et un gros d'orcanette, vous avez une pommade styptique[30] ; ou, enfin : alun,

---

[30] Cette pommade rappelle l'aventure assez plaisante du jeune abbé de Fl..., qui, en ayant trouvé sur une toilette et ayant les lèvres gercées, les en frotta innocemment et sans penser à mal, mais avec un tel succès, que le matin, en s'éveillant, il ne pouvait ouvrir la bouche. Pareille

aventure arriva également à M. le comte de Rochefort.
Voici comment il la raconte dans ses *Mémoires*. Mlle de
Menneville, fille d'honneur de la reine mère, ayant
demandé à ce dernier un habit d'homme, en secret :
« Je le lui portai dans sa chambre. Mais comme il n'y
avoit personne pour le recevoir, je le mis sous son lit où
elle m'avoit dit de le mettre, et m'en fus causer avec la
bonne femme Mme du Tilleul, sous-gouvernante des
filles, qui étoit de mes bonnes amies. Comme toutes les
chambres des filles, ou, pour parler plus juste, toutes les
loges étoient ouvertes, car elles ressembloient
proprement à celles des comédiens, j'aperçus, en me
promenant avec elle, sur une toilette, des peignes, une
boëte à poudre, et tous les autres ingrédiens qui servent
à l'ajustement d'une fille, et niant remarqué entr'autres
choses une petite boëte de pommade, j'en voulus
prendre pour me frotter les mains que j'avois un peu
rudes. Je la trouvai toute d'une autre couleur que celle
de l'ordinaire, ainsi croiant qu'elle pouvoit servir aux
lèvres, où j'avois un peu mal, j'en mis assez
imprudemment. Mais je ne fus pas longtemps à m'en
repentir, au même temps mes lèvres me firent un mal
enragé, ma bouche se rétrécit, mes gencives se ridèrent,
et quand je vins à vouloir parler, je fis rire tellement
Mme du Tilleul, que je jugeai qu'il falloit que je fusse
bien ridicule. Ce qui fut le pis fut que je ne pus presque

une once, acide vitriolique, demi-gros ; faites

---

articuler aucune parole, et, courant promptement à un miroir, je me fus regarder, et me fis tant de honte à moi-même, que je m'enfuis pour me cacher. En m'en allant je trouvai M. le duc de Roquelaure qui entroit pour venir faire la cour à quelqu'une des filles, et étant tout étonné de me voir de la sorte, il me demanda qui m'avoit mis en cet état. Je lui contai naïvement mon infortune, à quoi il me fit réponse, en se moquant de moi, que je n'avois que ce que je méritois, qu'à mon âge je devois savoir qu'il y avoit de toutes sortes de pommade ; que celle que j'avais prise n'étoit ni pour les mains ni pour les cheveux, et qu'elle étoit un peu plus rare. Il me quitta après s'être ainsi raillé de moi, et s'en allant dans la chambre de la reine-mère, il lui fit sa cour à mes dépens. Aussitôt tout le monde accourut pour me voir, et voyant que j'avais apprêté manière de rire, j'en aurois ri, tout le premier, s'il m'avoit été permis d'ouvrir la bouche. Cette aventure fut le sujet de l'entretien de toute la cour, pendant plus de huit jours, et on le manda même à Nantes, où le roi étoit, qui pour être si sérieux ne put s'empêcher de rire. Pour moi, j'en avois tout autant d'envie que les autres quand je pensois à cet accident, mais quoi que je m'étuvasse la bouche d'eau fraîche, et tantôt de vin tiède, il n'y eut que le temps qui m'aporta du soulagement. »

fondre dans quatre onces de vinaigre et quatre onces d'eau de plantain ferrée ; ajoutez deux onces d'esprit de vin et servez-vous-en, mais avec discrétion, pour imbiber, avec une éponge, certaines parties qui laisseraient des preuves non équivoques de fécondité, ou au moins, comme disait Fontenelle, que l'*amour avait passé par là*.

Un moyen plus simple et non moins efficace, c'est d'extraire le tannin, en versant de l'eau sur du tan en poudre dans un appareil semblable à celui des salpêtriers. Cette eau, en traversant le tan, lui enlève une portion de son principe styptique ; versée sur du nouveau, elle en dissout une autre quantité, et ainsi de suite jusqu'à ce que le tan soit plus disposé à lui en enlever qu'à lui en céder ; alors la concentration est parfaite, et on l'emploie comme les décoctions ci-dessus prescrites ; mais tous ces moyens ne peuvent que succéder aux compressions graduelles des bandes à sec, et longtemps après que tous les résultats de couche sont terminés, ou bien on courrait le risque d'une suppression souvent mortelle et toujours douloureuse. Enfin, avec les mêmes précautions, les bains froids et répétés offrent le plus sûr comme le moins dangereux de tous les topiques.

POMMADE VIRGINALE DITE À LA COMTESSE

Sulfate de zinc	40 gr.
Noix de galle	20 gr.
Noix de cyprès	20gr.
Écorce de grenade	30 gr.
Feuilles de myrte	30 gr.
Sumac	30 gr.

Mélangez ces substances pulvérisées avec quantité suffisante d'onguent rosat. Cette pommade a la propriété de resserrer le sphyncter ou muscles constricteurs de la vulve et du vagin trop relâchés.

Formulaire magistral.

On doit d'ailleurs scrupuleusement observer que tous ces topiques, lotions ou pommades, ne doivent jamais s'employer pendant le tribut lunaire, ou toute autre hémorrhagie utérine ; et qu'ils ne sont suivis du succès désiré, qu'en s'imposant la sagesse la plus austère. La femme déjà trompée, et qui s'exposerait encore à l'être, n'est plus digne de notre intérêt, et du motif bien pur qui nous anime à consoler son sexe des injustices du nôtre.

Quant au moyen de s'opposer au développement excessif de la gorge, l'art offre des procédés certains pour réprimer ce luxe de la nature, de même qu'il en présente pour la forcer à accorder ses dons à celles envers qui elle s'est montrée trop avare en ce point ; et nous croyons faire plaisir à nos lectrices, en publiant, en leur faveur, le manuscrit suivant, trouvé dans les décombres du délicieux château de *Crécy*, bâti pour la belle

Pompadour, qui paraît avoir profité de la recette qu'il contient. On sait qu'elle n'obtint que fort tard, le genre d'attrait dont il s'agit ici. On pardonnera à l'auteur ses peintures un peu vives en faveur de son motif.

« Vous m'ordonnez, madame, de consulter l'oracle d'Épidaure, pour ajouter à vos attraits ce que vous seule y trouvez à désirer : que peut, en effet, demander aux dieux, celle qui réunit à la majesté, la douceur ; à l'élégance des formes, la régularité des traits ; enfin, à l'air imposant de la reine des dieux, la fraîcheur des bergères du Mont Ida ? Heureux disciple d'Esculape, je suis appelé, par votre confiance dans mon art, à embellir la beauté même : plus occupé de mon bonheur qu'effrayé de ma témérité, je vais tenter d'unir à vos attraits des charmes nouveaux ; et j'ose croire au succès, puisque vos beaux yeux m'encouragent d'un regard.

« Dans ce siècle fortuné, où, renonçant au vain luxe des mots, les savans s'occupent avec succès des choses, on applaudit au novateur heureux qui soulève le voile de la nature, pourvu qu'il en obtienne une réponse.... On veut même que les oracles qu'il surprend à l'antique déesse soient précis, et l'on pardonne à la nudité de ses expressions, pourvu que son but soit moral, c'est-à-dire, tende à la perfection, au bonheur de l'humanité. J'ose donc essayer, madame, de vous apprendre l'art d'acquérir ce nouvel attrait qui fera de vous le modèle de la beauté, et donnera à nos jeunes Françaises la confiance de vous imiter ; cet attrait qui anime le poëte, enflamme le peintre, ravit le sculpteur, inspire le musicien, et fait délirer depuis le simple cultivateur sous le chaume, jusqu'au grave philosophe au sein de ses livres poudreux ; cet attrait, dont les fières amazones consentaient à sacrifier la moitié pour gagner en adresse ce qu'elles perdaient en appas ; cet attrait, dont la pomme de Paris n'offrait qu'une imparfaite image, et qui la fit tomber de ses mains ; enfin, cet attrait qui date des premiers jours du monde, si c'est par lui qu'il faut expliquer cette autre pomme plus fatale, auquel le genre humain doit, dit-on, la perte du bien et la connaissance du mal.

« S'il est recherché par les hommes, les femmes s'honorent de l'offrir à nos yeux, c'est l'aiguillon du plaisir, le prélude du bonheur !... C'est le secret de ce don charmant que, sans m'arrêter à le depeindre, je voudrais conquérir pour les femmes qui en sont privées, et quoique ce ne soit point une fiction, c'est dans la fable que je puiserai la leçon que je viens vous offrir.

LA COUPE D'HÉBÉ (ALLÉGORIE)

« Hébé, trop jeune encore, ne comptait que quatorze printemps : le lys et la rose se disputaient ou plutôt se partageaient l'honneur de nuancer son teint.... de grands yeux bleus, où déjà se peignait l'amour sans qu'elle s'en doutât, s'ouvraient lentement sous de noires et longues paupières ; un front uni, un nez droit, une bouche de la couleur et de la forme d'un bouton de rose qui s'entrouvre, une haleine qui en avait le parfum, des dents d'un émail opalin, de charmantes fossettes offrant des niches à l'amour indécis,[31] un col blanc et onduleux, une taille et flexible et légère, des bras arrondis, des doigts délicats ; enfin de petits pieds effleurant à peine les parvis de l'olympe.... Hébé avait tout en partage, et les dieux, auxquels elle versait le nectar dans la coupe de l'immortalité, étaient

---

[31] Portrait exact de Mme de Pompadour.
« Ainsi qu'Hébé la jeune Pompadour
A deux jolis trous sur la joue,
Deux trous charmans où le plaisir se joue,
Qui furent faits par la main de l'Amour. »
Œuv. de Bernis.

plus enivrés de ses charmes que de sa liqueur éthérée.... elle réunissait tout.... tout ? non.... quelque chose manquait à ses charmes, et ce fut l'orgueilleuse Junon qui s'en aperçut. Hébé entrait dans cet âge où la nature indécise semble n'avoir qu'ébauché son chef-d'œuvre. Offrant également les attraits des deux sexes, elle n'avait point encore reçu ce double présent qui décèle une vierge et que caresse l'œil furtif de l'amant timide.... Le dieu de la foudre lui-même, souriant à la remarque de l'auguste Junon, témoigne le désir de voir Hébé parfaite.... Il dit, et fils aussi soumis que galant époux, Vulcain prend la coupe des mains d'Hébé ; il en couvre l'un des hémisphères du sein de Vénus, et l'arrondit sur ce modèle à la vue des dieux frémissants d'envie et de volupté. Sous son léger marteau le métal docile s'étend, se contourne, se creuse, et façonnée de même sur le second hémisphère de la belle déesse, naît une seconde coupe. Le dieu de Lemnos les place sur le sein d'Hébé qui, ainsi parée, ressemble à la chaste Pallas ; bientôt sous ces deux coupes protectrices son sein s'élève, un double mont bondit, et sa gorge s'accroît sans dépasser ces heureuses limites. Les dieux applaudissent.... Cette ingénieuse invention passa jusqu'en Grèce ; l'Inde s'en fit honneur, mais elle se perdit comme tous les usages antiques et fut conservée par les seules Bayadères.... Ces coupes amoureuses furent réservées pour les banquets des dieux, et ce sont elles qui, remises depuis aux mains d'Hébé, désaltèrent encore les fortunés habitants de l'Empyrée, et leur inspirent les désirs, l'espérance et la joie en leur rappelant le moule heureux sur lequel elles furent arrondies.

« C'est ce prodige de la mythologie que l'art veut reproduire pour vous, belles, à qui il ne manque que cet attrait pour être accomplies, et vous aussi pour qui sa possession excusera l'absence des autres.

« En drapant légèrement les formes imparfaites de votre douce amie, jeunes époux, imitez le disque rond de Phébé ; échancrez[32] l'étoffe en dessinant les contours absents des attraits que vous désirez ; que votre main utilement caressante et instruite à la volupté par le dieu de Délos, sache promener des doigts mobiles sur l'aréole de ce sein non encore développé ;[33] que de

---

[32] Ce vêtement couvre trop le nu, il faut l'*échancrer* davantage.
Pygmalion, scène lyrique. J. J.

[33] Quant aux jeunes vierges à qui la décence interdit le secours d'une main caressante, il est un moyen qu'elles pourront employer sous l'œil d'une mère flattée d'ajouter à leurs perfections, sans admettre un tiers dans leur confidence ; le voici : appliquez sur la place de la gorge un hémisphère en bois léger et creux ou en gomme élastique et percé à son milieu, à peu près comme les ventouses de verre, dont se servent les jeunes accouchées pour aspirer le lait ; à l'orifice s'adapterait un tube de verre ou un tuyau de gomme élastique, au moyen duquel une succion plusieurs fois répétée,

chaque jour, finirait par développer l'attrait tant souhaité.

Note du manuscrit.

Un de nos amis qui, dans son voyage en Égypte, a su à la fois faire des observations sur l'art de guérir et sur les mœurs, nous assure que les femmes de ce pays se servent, avec succès, pour la même intention, de la mie d'un pain arrondi, façonnée au contour de la forme que l'on désire, et appliquée encore chaude sur le sein. Cette substance, dit ce savant que réclame avec honneur la chirurgie française, porte en elle un principe végéto-animal, qui, développé par le calorique, pénètre rapidement le sein, excite l'érection de ses papilles nerveuses, gonfle le système glanduleux, et y cause un ferment, un prurit voluptueux, bientôt suivis du développement successif de l'appareil mammaire et du tissu cellulaire qui le recouvre. C'est ce même principe vireux qui agit si énergiquement comme dérivatif de l'humeur goutteuse aux extrémités inférieures, en appliquant du *levain* à la plante des pieds. On pourrait activer ce moyen par de légères frictions d'huile très-volatile sur le sein, et d'une lotion astringente sur les parties qui l'environnent ; au reste, le volupté fait éclore la gorge, comme le printemps fait éclore la rose, et tous les praticiens connaissent la correspondance de l'*utérus* au sein.

fréquentes titillations fassent frémir ses fibres ; bientôt la papille se gonfle, et les esprits appelés par ces douces frictions enflent les muscles qui, profitant d'une liberté inconnue, se frayent une route nouvelle ; une lymphe nourricière baigne les glandes qui se dilatent ; le réseau éclatant et poli qui les renferme, participant de l'éréthisme général, s'arrondit sous les doigts créateurs : comme la fleur, condamnée à périr sous les glaçons de l'hiver, se développe et naît au jour, sous le verre diaphane, et sous les douces influences d'une chaleur factice ; de même les sucs élaborés sous la main de l'époux fortuné s'accumuleront en dessinant les voluptueux contours des beaux modèles que nous a transmis le ciseau des Phidias et des Praxitelle.

« L'une des coupes fameuses dont il s'agit ici, madame, s'est perdue, ou plutôt aimons à croire que les dieux l'ont retirée pour conserver le type du beau, s'il se trouvait perdu sur la terre ; l'autre est célèbre par ce banquet où l'amoureuse Cléopâtre fit publiquement aux yeux extasiés d'Antoine, non la fastueuse expérience de dissoudre une perle dans un breuvage qui n'eût pas épargné l'organe complice de sa forfanterie, mais celle bien plus merveilleuse de l'exacte application de ce moule divin, sur sa gorge ravissante. Elle orne aujourd'hui un *Musæum* fameux en Europe, et nous pourrons la consulter pour donner à vos formes le degré d'extension avoué par le goût, si vous accordez à mes avis le droit de concourir à la naissance de l'attrait dont vous désirez la possession. Je dois vous dire enfin, madame, que c'est de l'abus des moyens que je viens de vous indiquer qu'est né un singulier usage, chez les femmes turques, dont les époux, par je ne sais quel goût bizarre, préfèrent une gorge volumineuse et tombante, et qui, pour se procurer ce double *agrément*, usent avec excès des bains chauds et du *massement*, opération inconnue en Europe. Ce n'est, certes, pas à cette espèce de perfection que je désire vous voir atteindre, et la nature heureusement vous a formée de manière à ne pas satisfaire les inclinations turques ; mais l'art hippocratique offre encore des ressources aux femmes dont l'accroissement de la gorge aurait besoin d'être prévenu, et c'est dans le même moyen qui favorise son développement qu'elles trouveront celui de sa répression. Les belles favorites du commandeur des croyants, les Circassiennes, les Géorgiennes, les Mingréliennes, opposent, dès l'âge de douze ans, à leur gorge naissante, un léger rempart de bois de santal qu'elle ne peut franchir ; et ce genre d'attrait acquiert chez elles, par la compression, une fermeté que l'on rencontre difficilement chez les femmes des autres peuples.

« Pardonnez, madame, ces détails que la nature de votre demande a rendus nécessaires, et puisse l'application de cette théorie ajouter encore, s'il est possible, aux charmes qui ont mérité l'hommage d'un autre Jupiter. Puissé-je alors aussi, jeune encore et médecin peu connu, obtenir par mes soins votre entière confiance, et par le succès de mes recettes, le triomphe d'une nouvelle Hébé ; dût une moderne Junon accabler de sa persécution[34]

---

[34] La belle Pompadour suivit le conseil du jeune docteur, elle acquit en effet l'attrait qui manquait seul à ses charmes, et ouvrit, par reconnaissance, à son médecin une carrière qu'il parcourut avec éclat.

Si l'on trouve ce fragment un peu libre, accusons-en plutôt nos mœurs que l'auteur qui vivait dans un temps où le Français se scandalisait plus des actions que des écrits ; il pense maintenant tout le contraire, et l'on ferait aujourd'hui le procès de *Vénette*, *Tissot* et *Montesquieu* s'ils publiaient l'*Onanisme*, le *Tableau de l'amour conjugal* et le *Temple de Gnide* ; en sommes-nous plus chastes et plus vertueux ? l'interprétation que l'on donnera à cet article répondra à cette question. Au surplus, nous protestons de la pureté de nos motifs, et nous n'avons point écrit pour les *Tartuffes de mœurs*, mais pour cette belle moitié du genre humain qui ne connaît de mal que celui que les pervers lui enseignent.

l'inventeur satisfait de sa réussite. »
D.M.V.S.M.

Nous ne pouvons mieux terminer ce chapitre
qu'en rapportant l'anecdote suivante, qui en
est le corollaire.

Sous Louis XIV, le supplice de la Brinvilliers
fut un exemple insuffisant pour arrêter les
empoisonnements. Une *chambre ardente* fut
instituée pour juger de ces crimes.
L'arrestation et le procès de la Voisin firent
découvrir dans les papiers de cette dernière,
une foule de lettres qui compromettaient des
gens de la plus haute condition. La Voisin
était accusée d'avoir vendu des poisons, des
charmes, et divers secrets magiques pour se
faire aimer. La duchesse de Foix avait été
arrêtée sur la déposition d'un simple billet
d'elle trouvé chez la Voisin, et dont le sens
était plus obscur que propre à baser une
accusation. Louis XIV, ne voulant pas que sur
un indice si léger une dame de haute

distinction fût emprisonnée, se réserva de l'interroger lui-même dans ses cabinets, où elle fut conduite avec son propre carrosse par le capitaine des gardes en quartier.

« Reconnaissez-vous ce billet, madame la duchesse ? lui dit Sa Majesté d'un ton sévère, mais doux.

—Sire, il est de ma main ; je ne puis ni ne veux le nier.

—A merveille ! Maintenant dites-moi, je vous prie, avec la même franchise, ce que signifient ces mots : *Plus je frotte, moins ils poussent.*

—Ah ! sire, s'écria la duchesse en se jetant aux pieds du roi, daignez m'épargner un tel aveu.

—Je ne le puis, madame, songez que je vous appelle devant moi pour vous sauver un affront public ; ce motif me donne tous les droits à votre confiance, et dans l'intérêt de votre honneur je vous ordonne de parler.

—J'obéirai, sire ! reprit en tremblant Mme de Foix, rouge jusqu'aux yeux.... Depuis deux ou trois ans je m'aperçois que mon mari me néglige après m'avoir souvent reproché un défaut... non, jamais je n'oserai achever....

—Continuez, duchesse....

—Il est des charmes, reprit l'accusée, dont la nature se montre prodigue envers des femmes, avare envers d'autres....

—Poursuivez, je vous prie.

—Eh bien ! sire, mon mari n'aime que les dames auxquelles la nature a prodigué....

—Prodigué quoi ?

—Ce qui excède les belles proportions dans Mme de Montespan et manque à Mme de La Vallière... comme à moi, sire....

—Ah ! m'y voici, s'écria Louis XIV en s'excusant d'un défaut trop prolongé de pénétration.... Et je vois, poursuivit le monarque interrogateur, que vous aviez demandé à la Voisin....

—Une pommade dont elle disait des merveilles, ajouta Mme de Foix en baissant les yeux.

—Cependant *plus vous frottiez, moins ils poussaient.*

—Hélas ! oui.

—C'était un malheur ; mais ce n'était pas un crime, et je suis enchanté, duchesse, de vous avoir épargné la honte d'un tel aveu devant la *chambre ardente*. Je vous rends le malheureux billet qui vous causa deux heures d'inquiétude ; retournez tranquillement à votre hôtel. Je ne vois de coupable ici que l'époux qui délaisse une femme aussi jolie que vous ; je veux en toucher quelques mots au duc. Il est un moyen plus heureux que celui dont vous avez fait l'essai pour obtenir de la nature elle-même ce que vous recherchiez par artifice ; nous en causerons avec votre mari, et j'espère qu'il l'emploiera. »

ÉTUDE PHYSIOLOGIQUE SUR LES MAMELLES OU SEINS.

Les mamelles (*mammæ*, des Latins ; *mastoi*, des Grecs ; *poppa*, en italien ; *teta*, *ubre*, en espagnol) subissent les mêmes phases dans leur développement, que les organes essentiels de la reproduction. Elles sont peu apparentes dans le jeune âge et ne commencent à prendre le développement qu'elles doivent acquérir que lorsque l'appareil génital est apte à perpétuer l'espèce ; et comme ce n'est que chez les individus femelles qu'elles parviennent à leur état complet, elles ne présentent pendant les premiers temps de la vie aucune différence chez l'un et l'autre sexe.

C'est donc vers l'époque où la femme devient apte aux plaisirs de la maternité, que les seins commencent à acquérir tout le développement dont ils sont susceptibles, ainsi que les formes gracieuses qui en font un si brillant ornement : avant la puberté, ils n'en forment que le noyau et se flétrissent après le temps de la faculté de reproduire. Cependant il n'est pas sans exemple de voir des jeunes filles encore loin de cette brillante époque, offrir des mamelles parfaitement conformées et susceptibles de fournir du lait. Les auteurs rapportent, à cet égard, des exemples fort curieux ; mais tous tendent à prouver que ce développement précoce fut toujours le résultat d'irritations exercées sur le mamelon.

Le développement des mamelles se fait ordinairement en raison de celui des organes spéciaux de la génération, en sorte que la bonne conformation des seins peut, en général, servir de mesure à celle de ces derniers. Ainsi, l'homme qui recherche dans la femme, non-seulement ce qu'elle peut offrir de gracieux, mais encore tout ce qui peut dénoter une grande puissance génératrice et un vif sentiment de l'amour, est-il toujours enthousiaste d'un beau sein. A peine la femme, la plus accomplie sous tous les autres rapports, peut-elle éveiller en lui le moindre sentiment de volupté, si elle ne se trouve pourvue de ce superbe ornement. Cependant, on voit quelquefois des femmes dont les parties sexuelles sont parfaitement développées et propres aux plaisirs ainsi qu'à la propagation, quoiqu'elles n'offrent que quelques traces de ces organes, tandis que d'autres, avec le sein le plus volumineux, ne sont nullement accessibles aux désirs voluptueux ni aptes à la génération.

C'est évidemment en vertu des liens de l'étroite sympathie qui unissent les seins et les organes sexuels, que s'opère le développement simultané.

Les mamelles sont situées au milieu de la poitrine, l'une à droite et l'autre à gauche, directement sur les muscles pectoraux ; elles sont au nombre de deux : il est rare de trouver des femmes qui en aient trois ou quatre donnant toutes du lait. Cependant, les annales de la science citent un grand nombre de femmes et même d'hommes multimammes ; le plus souvent, le nombre des mamelles est porté à trois : deux présentent la position et le volume ordinaires, et la troisième est située sur la ligne médiane, un peu plus bas que les deux autres, ou bien au-dessous de l'une d'elles à droite ou à gauche. Lorsque la mamelle surnuméraire est médiane, elle reste ordinairement peu volumineuse, même pendant l'allaitement ; les mamelles surnuméraires latérales diffèrent au contraire fort peu des mamelles normales et peuvent, comme elles, fournir du lait. Lorsqu'il existe quatre mamelles, elles sont ordinairement bilatérales et placées comme les mamelles abdominales des animaux, l'une au-dessous de l'autre ; cette disposition est moins commune que la précédente, et la présence de cinq mamelles est plus rare encore. Percy n'en rapporte qu'un seul cas observé par M. Gorre. Ce cas fut présenté par une femme valaque trouvée, en l'an VIII, parmi les nombreux prisonniers faits à l'armée autrichienne et qui ne tarda pas à périr de froid et de misère. Sur les cinq mamelles de cette femme, quatre étaient très-saillantes, disposées sur deux rangs, gonflées et pleines de lait ; la cinquième était médiane et située à cinq pouces de l'ombilic ; elle n'était pas plus volumineuse que celle d'une fille impubère.

On a aussi constaté que des mamelles surnuméraires pouvaient se présenter sur d'autres points du corps ; ainsi, M. Robert a fait connaître le fait d'une femme multimamme de ce genre, laquelle descendait elle-même d'une mère dont les mamelles étaient plus nombreuses que d'habitude. Mais, chez elle, la mamelle surnuméraire était placée à la partie externe de la cuisse gauche, près de l'aîne. Jusqu'à la première grossesse, cette mamelle fut prise pour un simple *noevus* ; mais à cette époque elle se développa et acquit le volume de la moitié d'un citron ; l'enfant tétait alternativement l'une des mamelles pectorales et celle-ci, qu'on pourrait appeler inguinale.

Thomas Bartholin vit une Danoise qui en offrait trois, dont deux étaient placées dans leur situation naturelle, et l'autre à la partie inférieure du *sternum*, en sorte qu'elles représentaient une espèce de pyramide renversée. Tout le monde sait que la belle

Anne de Boulen, épouse de Henri VIII, roi d'Angleterre, avait, outre six doigts à chaque main, trois mamelles à la partie antérieure de sa poitrine. Un moine de Corbie rapporte avoir vu une paysanne qui nourrissait trois jumeaux de quatre mamelles indistinctement, dont deux étaient situées au-devant de la poitrine, et les deux autres au dos.

Les mamelles bien proportionnées sont un des principaux ornements des femmes, particulièrement lorsqu'elles sont accompagnées d'une gorge bien taillée et recouverte d'une peau fine. Il faut aussi qu'elles soient blanches, rondes, et médiocrement écartées l'une de l'autre ; qu'elles ne soient placées ni trop haut, ni trop proche des aisselles ; et enfin qu'elles ne soient ni trop grosses, ni pendantes : voilà les conditions qu'elles doivent avoir pour être belles et propres à donner de l'amour ; mais ce ne sont pas les meilleures ni les plus capables de contenir le lait.

En nul endroit du corps, la peau n'est si fine, si délicate, si lisse, si douce au toucher et si blanche qu'aux environs des mamelles. Là les téguments ont acquis une telle ténuité, qu'ils sont entièrement transparents et laissent facilement apercevoir les ramuscules veineux qui serpentent agréablement dessous, notamment dans le voisinage de la portion rosée, et dont la couleur bleuâtre, en formant un heureux contraste avec la blancheur de la peau, en relève si fortement l'éclat, et donne tant de lustre à la beauté du sein. Ces globes, au reste, plaisent d'autant plus à la vue que cette belle portion de la peau est plus tendue par des glandes mammaires volumineuses, et que la femme jouit de plus d'embonpoint. Il est cependant des personnes fort maigres naturellement dont ces glandes sont si développées que, malgré cet état, elles offrent un sein solide, bien tendu, et de la plus grande beauté.

C'est à la partie centrale de chaque moitié des parois thoraciques qu'est situé le sein dans sa belle conformation. Trop dégagés en dehors et portés sous les aisselles, ces organes laissent entre eux un grand vide, peu agréable à la vue, et peuvent éprouver, de la part des bras portés en bas et surtout en dedans, des pressions plus ou moins fortes dont la fréquence nuit à leur développement, les déforme et même les atrophie. Trop rapprochés du centre de la poitrine, ils se confondent l'un avec l'autre, et de ce défaut de dégagement résulte l'imperfection de ces rotondités élégantes qui concourent tant à la beauté physique du sexe. Trop relevés vers le cou, les seins confondent leurs brillants contours avec ceux de l'épaule, reçoivent des chocs continuels des mouvements brusques de la clavicule, et sont sans cesse exposés à l'influence nuisible de l'atmosphère, dont la femme ne peut se garantir que par des vêtements grotesques et répudiés par la véritable coquetterie. Situés trop intérieurement, ils semblent rapprocher les femmes des animaux mammifères, et demandent à être relevés sans cesse par des corsets, dont la pression continuelle peut porter les plus fâcheuses atteintes à ces organes délicats.

La figure des beaux seins est ronde, et représente un demi-globe ; mais les bons nourriciers, au contraire, sont avancés en dehors, et ressemblent à une poire, tels sont en général ceux des Comtoises ; ce qui fait qu'ils ont de la peine à se soutenir, principalement quand ils sont pleins de lait.

On ne peut pas bien déterminer leur grandeur ; elle varie suivant les nations : les Indiennes et les Siamoises les ont si longs, qu'elles peuvent les jeter par-dessus leurs épaules. Ils diffèrent encore suivant les individus ; quelques femmes les ont naturellement petits et d'autres gros ; ces dernières sont les meilleures nourrices, pourvus qu'ils ne soient pas trop charnus. Leur grosseur dépend aussi de l'âge ; ils commencent à pousser à 14 ans, ils ont alors la figure d'un demi-globe ; ils sont petits, mais durs et fermes ; ils grossissent à mesure qu'elles avancent en âge ; ils se flétrissent aux femmes qui approchent la cinquantaine ; et plus une femme vieillit, plus elle les a mous et flasques, n'y restant plus à la fin que des peaux.

Le mamelon est une petite éminence qui s'élève au milieu de la mamelle ; il est d'une substance spongieuse, assez semblable à celle du gland de la verge, c'est pourquoi il se relève, se gonfle et se roidit lorsqu'on le suce ou bien qu'on le chatouille. Il a un rapport intime avec les parties de la génération. Les mamelons se dressent et prennent part aux sensations suscitées dans l'appareil génital par le coït ou autres moyens d'excitation. Les titillations de ces boutons rosés y font naître un sentiment de volupté qui, se communiquant en un clin-d'œil au siége spécial de la jouissance, embrase la femme et la sollicite puissamment à l'acte de la reproduction. Quels sont les moyens d'une si frappante communication entre des organes si éloignés ? Quelques auteurs prétendent que ce sentiment si vif, si agréable, a été donné à cette partie afin que l'enfant y cause en la suçant un doux chatouillement, et que la femme y trouvant un singulier plaisir, elle se porte plus volontiers à donner à téter à son enfant aussi souvent qu'il en a besoin.

Il est reconnu que la succion du lait éveille des sentiments de volupté au bénéfice de l'appareil générateur. Cabanis disait que des nourrices lui avaient fait l'aveu qu'elles devaient à l'enfant qu'elles allaitaient de véritables jouissances. La solidarité des seins, relativement à l'appareil sexuel, est un fait constant ; aussi la sécrétion du lait augmente-t-elle généralement sous l'influence de l'excitation de l'organe générateur. C'est le cas dans lequel était cette femme, qui voyait le lait sortir de ses seins quand son mari accomplissait avec elle l'acte du coït. On a dit aussi que l'observation avait utilisé cet acte physiologique, que, voyant les animaux se prêter avec complaisance à la manœuvre par laquelle on leur enlevait leur lait, on avait établi, dans le but d'en augmenter la quantité, une action directe sur l'organe générateur. Hérodote rapporte que les Scythes introduisaient un bâton poli dans la vulve de leurs juments quand ils leur enlevaient leur lait. Bayeu a raconté que dans les Pyrénées les gens occupés à traire les vaches plaçaient une de leurs mains dans la vulve ; enfin, s'il faut en croire Levaillant, les Hottentots soufflent de l'air dans les parties sexuelles des animaux avant de les traire.

La jeune fille devient-elle pubère, aussitôt les seins répondent à l'appel de la matrice, et cette corrélation se reproduit à chaque nouvel éveil de cet organe. Elle se moule en quelque façon sur les conditions dans lesquelles il se trouve. Dans l'état ordinaire de la vie, une action, quelle qu'elle soit, sur l'appareil générateur a toujours du retentissement dans les seins, et réciproquement. Ainsi, une sensation voluptueuse venant directement de l'utérus et de ses annexes est comprise et perçue dans les organes de la lactation ; de même les sentiments lascifs peuvent trouver accès près des voies génitales en partant des seins. C'est la raison pour laquelle Hippocrate croyait que le lait venait de la matrice.

N'est-ce pas à cette corrélation, à cette excitation génésique provoquée par l'allaitement qu'il faut attribuer le fait de luxure inouï, diabolique, que rapporte M. le docteur Andrieux ? Un enfant, qu'on avait pourvu d'une nourrice jeune et vigoureuse, dépérissait chaque jour. Les parents affligés cherchaient en vain la cause de cet état : on finit par la découvrir. Mais où trouver des mots pour exprimer leur surprise et leur colère, quand ils trouvèrent cette malheureuse, exténuée, délirante, avec son nourrisson qui cherchait encore dans une succion affreuse, et inévitablement stérile, un aliment que les seins auraient pu seuls donner !!! Pour parvenir facilement à son but, elle attendait que le cri de la faim se fît entendre ; l'enfant, dans cet instant, ouvre la bouche comme pour chercher le sein, il saisit alors avidement le bout du doigt, ou tout corps quelconque souple et arrondi qu'on place entre ses lèvres, et exerce immédiatement sur lui des efforts répétés de succion.

Les exemples d'une pareille dépravation doivent heureusement être fort rares.

La plupart des filles élevées chez des religieuses ne peuvent, selon ces dernières, plaire au Créateur que par des imperfections. Avoir de la gorge, être belle, sont assurément deux sujets de réprobation ; l'enfer, ouvert à celles qui portent un sein arrondi, attend sa proie avec impatience ; c'est ainsi que s'exprime le fanatisme dans l'intérieur des maisons d'éducation religieuse. Quelques jeunes filles, adoptant ces idées, prennent chaque jour quelques subtances capables d'interrompre ou d'affaiblir la nutrition : tel est, par exemple, l'usage du vinaigre bu à jeun ; en altérant les forces digestives, il arrête le cours des sécrétions ou en diminue l'énergie, d'où le défaut d'accroissement des seins avec l'amaigrissement général qui résulte de cette détestable coutume. Des remèdes aussi dangereux, ou plus violents, employés dans les mêmes vues, doivent donc être bannis sans retour, puisque ce n'est qu'en détruisant la santé qu'ils amènent le changement d'organisation qu'on souhaite.

En 1829, le docteur Récamier publia un ouvrage en deux volumes, intitulé : *Recherches sur le traitement du cancer par la compression méthodique simple et combinée.* M. Récamier, appelé souvent dans les couvents, s'est trouvé à portée d'y faire l'observation suivante :

Dans les couvents, les religieuses, dans le but de réprimer l'envahissement mondain d'une gorge trop volumineuse, compriment les glandes mammaires avec des rondelles d'amadou. Les seins, par le fait de la compression et de l'iode qui se trouve naturellement dans l'amadou, s'atrophient ; mais ce que les religieuses de nos jours n'ont pas prévu, c'est que, en raison de la solidarité dont nous nous entretenons, l'appareil reproducteur profite du retrait des glandes mammaires. Or, comme le bassin est l'expression de l'état anatomique et physiologique de la matrice, il en résulte que les hanches et les muscles fessiers des femmes soumises à cette opération acquièrent un énorme développement. Il me reste à savoir si un surcroît de nourriture et de développement de l'appareil générateur n'est pas un obstacle de plus à la chasteté ; et si ces intéressantes recluses n'en ressentent pas plus vivement les aiguillons de la chair, que la religion leur défend d'écouter.

Mais il est temps de revenir à notre sujet, duquel nous nous sommes un peu écarté. Le mamelon est rose et petit aux vierges ; l'aréole qui l'entoure est d'une teinte plus ou moins foncée, suivant les individus ; elle l'est en général davantage chez les personnes qui ont la peau brune, les yeux et les cheveux noirs, que chez les femmes blondes, faibles et délicates. L'étendue de ce cercle est de deux centimètres environ ; il s'élargit et prend une teinte plus foncée chez celles qui ont fait des enfants ; le mamelon devient livide et gros aux nourrices, et il est noir et flétri chez les vieilles femmes.

Un ouvrage de ce genre ne pouvant se terminer par des matières médicales aussi sérieuses, nous donnons une fort jolie chanson de M. Aug. Gilles, pour le clore convenablement.

LES TÉTONS

Air : *Elle aime à rire, elle aime à boire.*

J'ai pris pour muse une égrillarde
A qui la romance déplaît ;
Chaque jour elle se complaît
A rendre ma muse gaillarde.
La gaudriole en mes cartons,
A ses yeux offre une lacune,
Elle me garderait rancune,
Si je ne chantais les tétons.

Dans le sein fécond qui le porte,
L'homme fait neuf mois de séjour ;
Impatient de voir le jour,
De ses pieds il frappe à la porte.
A peine est-il né qu'à tâtons
Le jeune espiègle entre en licence,

Et, sans égards pour la décence,
A sa mère il prend les tétons.

Chacun de vous a sa manie,
Amis ; mais je ne doute point
Que votre penchant sur ce point,
Avec le mien ne s'harmonie.
Et je crois bien que nous goûtons
Même plaisir et même ivresse,
Quand notre main frôle et caresse
Tour-à-tour deux jolis tétons.

Il est un usage contraire
A la pudeur qui vous régit ;
Votre modestie en rougit ;
Mais elle ne peut s'y soustraire.
Belles, quand nous vous accostons,
De l'arc-boutant de la nature
Votre œil furtif prend la mesure,
Le notre toise les tétons.

Dumont dit à son fils Hilaire :
—Il faut enfin te décider,

Et conduire, sans plus tarder,
Au temple d'hymen Rose ou Claire.
—Papa, mon choix est fait ; partons :
De Claire la beauté me flatte,
Mais elle a la poitrine plate
Et sa sœur a de gros tétons.

Paul et Justine se conviennent.
L'amour paraît combler leurs vœux ;
C'est à leurs mutuels aveux
Pourtant que l'un à l'autre ils tiennent :
Grâce à leurs marchands de cartons,
Aux amateurs ils font des niches,
L'un avec des mollets postiches
Et l'autre avec de faux tétons.

Nature dit à la fillette,
Qui les voit poindre en son corset :
Craignez que le nœud d'un lacet
N'en comprime la peau douillette ;
Qu'entre leurs deux jolis boutons
Le même espace s'interpose :

Dans vingt ans où je les pose
Qu'Amour trouve encor les tétons.

A notre liberté publique
Je tiens par goût et par devoir,
Et dans aucun temps le pouvoir
Ne m'a fait changer de tactique.
Au diable les ventrus gloutons
De Villèle et de Bonaparte ;
Car la liberté sans la Charte
C'est une femme sans tétons.

AUG. GILLES.

FIN